A ALMA PRECISA DE TEMPO

Dados Internacionais de Catalogação na Publicação (CIP)
(Câmara Brasileira do Livro, SP, Brasil)

Kast, Verena
A alma precisa de tempo / Verena Kast ; tradução de
Markus A. Hediger. – Petrópolis, RJ : Vozes, 2016. –
(Coleção Reflexões Junguianas)

Título original: Seele braucht Zeit.
Bibliografia.

3ª reimpressão, 2020.

ISBN 978-85-326-5157-0

1. Percepção do tempo 2. Psicologia I. Título. II. Série.

15-09270   CDD-158.1

Índices para catálogo sistemático:
1. Percepção do tempo : Psicologia   158.1

Verena Kast

A ALMA PRECISA DE TEMPO

Tradução de Markus A. Hediger

EDITORA VOZES

Petrópolis

© 2014, Verlag Herder GmbH., Verlag, Freiburg im Breisgau Verena Kast

Título do original em alemão: Seele braucht Zeit

Direitos de publicação em língua portuguesa - Brasil:
2016, Editora Vozes Ltda.
Rua Frei Luís, 100
25689-900 Petrópolis, RJ
www.vozes.com.br
Brasil

Todos os direitos reservados. Nenhuma parte desta obra poderá ser
reproduzida ou transmitida por qualquer forma e/ou quaisquer meios
(eletrônico ou mecânico, incluindo fotocópia e gravação) ou arquivada
em qualquer sistema ou banco de dados sem permissão escrita da editora.

CONSELHO EDITORIAL

Diretor
Gilberto Gonçalves Garcia

Editores
Aline dos Santos Carneiro
Edrian Josué Pasini
Marilac Loraine Oleniki
Welder Lancieri Marchini

Conselheiros
Francisco Morás
Ludovico Garmus
Teobaldo Heidemann
Volney J. Berkenbrock

Secretário executivo
João Batista Kreuch

Editoração: Maria da Conceição B. de Sousa
Diagramação: Sheilandre Desenv. Gráfico
Capa: Omar Santos

ISBN 978-85-326-5157-0 (Brasil)
ISBN 978-3-451-61149-0 (Alemanha)

Editado conforme o novo acordo ortográfico.

Este livro foi composto e impresso pela Editora Vozes Ltda.

Sumário

Introdução, 7
  A perda do aconchego, 9
  Amadurecimento precisa de tempo, 12
  A alma não possui *lobby*, 15
  Alma e sentidos, 19
1 Ressonância, 23
  O eu relacional, 25
  Empatia, 30
  Empatia conosco mesmos, 31
2 A alma se manifesta em imaginações, 35
  Força de imaginação e emoção, 39
  A alegria antecipada é determinada pela força da imaginação, 41
  A emoção orienta, 43
  Emoções estabelecem relacionamentos, 44
  Ter tempo para a alegria, 46
  A eficácia das imaginações, 50
  Efeitos recíprocos: nós influenciamos o mundo, o mundo nos influencia, 52
  Imaginação e língua, 55
  A língua da alma na poesia, 56
  Símbolos como fenômenos de ressonância, 57

3 Símbolos, 59
  Afastando-se do simbólico, aproximando-se do concreto, 67
  O corpo como símbolo, 72
4 A imaginação obstruída, 76
  A imaginação como *fast-food*, 76
  A "gente" e a determinação alheia, 81
  Sentir emoções, falar sobre emoções, 84
  A obstrução da imaginação de dentro: complexos, 88
  Imaginações arquetípicas, 92
5 Nosso problema com o tempo e a identidade, 102
  A sombra da aceleração, 109
  Escapar do capataz interior, 110
  Ócio: a experiência contrária, 115
  Tédio, 118
  Como encontrar o interesse, 120
  Tédio existencial e depressão, 123
6 O que preserva nossa saúde, 133
  O criativo e a paciência, 134
  O bom momento: *kairós*, 136
  Viver criativamente, 138
  A importância da arte, 139
7 O que nutre a alma, 143
Agradecimentos, 149
Referências, 151

Introdução

A alma é a parte viva do ser humano, aquilo que vive de si mesmo e que causa vida[1].

É neste sentido que eu compreendo a alma. Neste livro tentarei – em vista do aceleramento de alguns processos de vida do nosso tempo – mostrar que devemos tomar tempo para o realmente vivo e para aquilo pelo qual vale a pena viver – e também o que significa viver no sentido pleno da palavra.

Quando falamos da alma, falamos da vida, do fato de estarmos vivos. E para manter-nos vivos precisamos sempre fazer algo. Precisamos, por exemplo, de alimento quando corremos perigo de tornar-nos menos vivos. Quando algo alimenta a nossa alma, dizemos que algo nos revigorou, reanimou e nos satisfez – às vezes, sem a nossa participação. Em encontros do dia a dia, por exemplo: Levamos nossa vida, e de repente encontramos outra pessoa – um olhar, uma conversa, nada extraordinário, mesmo assim percebemos como aumenta a vivacidade em ambas as pessoas. Continuamos e percebemos que nosso humor mudou, sentimo-nos mais animados: mais vivos, mais emocionais, mais corajosos, tocados

---

1. JUNG, C.G. *Gesammelte Werke*, 9/1, § 56.

pela outra pessoa, tocados por algo diferente. Um livro, uma história, uma obra de arte, uma música, a natureza também podem nos animar.

Esse ânimo pode vir também de dentro: Quando sonhamos – um sonho muito lindo ou muito terrível, que nos impressiona de forma duradoura e talvez até nos abala – nós nos sentimos revigorados. Pode até ser desagradável – mas algo está acontecendo. Nossos pensamentos voltam para esse sonho, para as imagens que ele nos mostrou. Essas imagens prendem nossa atenção e evocam outras imagens importantes para nós, lembranças de experiências e sentimentos do dia a dia, talvez até com lembranças atordoantes, mas estamos revigorados – e assim olhamos a vida de forma diferente, de outro ponto de vista. Conseguimos reconhecer um sentido numa situação que, até então, fomos incapazes de ver. O sonho nos revigorou, revigorou nossa vida.

Para que não haja nenhum mal-entendido: Eu gosto quando as coisas "correm". Muitos aspectos da nossa vida corrida são agradáveis. Quando imagino o contrário – uma vida lenta quase sem mudanças – eu me sentiria presa. Mas gosto também daquilo que demora. O que mais gosto é aquilo que perdura, mas também muda, como o mar, por exemplo: ele é sempre o mesmo, mas é sempre diferente. As mesmas ondas, a mesma água – mas em seu contexto de luz e clima ele sempre apresenta um rosto diferente, um caráter diferente. Gosto dos ritmos, na música e na vida – mesmo quando o mesmo sempre se repete. Ambas, a transformação e a constância, são importantes para mim. Mas é justamente a constância, aquilo que perdura, que parece estar em perigo: O fato de que tudo parece acontecer cada vez mais rápido nos faz sofrer, nós nos queixamos disso. E essa aceleração exige também uma eficácia cada vez maior no mundo externo, mas também interno: Devemos fazer mais no mesmo tempo, cumprir mais compromissos ou sentir-nos culpados se perdermos um prazo. E existe também uma pressão de resolvermos distúrbios psicológicos rapidamente. E a perda da tranquilidade e do aconchego leva também a uma marginalização da alma. Se permitirmos isso, a vida se tornará mais fria, os relacionamentos serão dominados pela funcionalidade – e muitos temem ou já vivenciam isso.

O equilíbrio entre as necessidades do mundo interior e as exigências do mundo exterior precisa ser recalibrado constantemente – isso faz parte da existência humana. E hoje em dia, a aceleração, a experiência de mudanças rápidas na vida social, muitas vezes dentro de uma única geração, faz parte do mundo exterior; sofremos com a falta de tempo e também com a necessidade de adaptar-nos o tempo todo a mudanças tecnológicas. Parece que elas estão sempre um passo à frente. Em primeira linha, quero falar sobre essa aceleração do ritmo da vida.

A perda do aconchego

Uma poesia de Heinrich Heine, que viveu de 1797 a 1856, mostra que isso não é um problema novo, mesmo que hoje ele nos pareça mais pronunciado do que nunca.

Meu coração se aperta
Meu coração se aperta, e com saudades
Lembro-me dos tempos passados;
O mundo era aconchegante
E as pessoas viviam tranquilas.

Mas agora tudo parece deslocado,
Que aperto! Que sofrimento!
Morreu nos altos o Deus Senhor,
E lá embaixo está morto o diabo.

E tudo parece triste e carrancudo,
Tão confuso, frio e podre,
E se não fosse pelo restinho de amor,
Nada teríamos a que nos agarrar.

Já na época, Heine sofria com o fato de o ser humano não viver mais, como na pré-modernidade, com a natureza e segundo o ritmo do sol, pelo menos no que dizia respeito ao tempo, quando o homem se encontrava em harmonia com a natureza e quando os ritmos da natureza determinavam também os ritmos da vida. Heine sofria porque, na Modernidade, quem definia o tempo era o relógio mecânico. Heine lamentava essa divisão artificial do tempo, esse "aperto", a correria. Aos seus olhos, toda a ordem do mundo se perde, Deus e o diabo estão mortos, as pessoas se tornaram frias, confusas e carrancudas, e apenas o amor ainda oferece um pouquinho de sustento. É um sofrimento, já em Heine.

Na nossa sociedade contemporânea, precisamos lidar não só com a divisão do tempo. Fazemos muitas coisas também ao mesmo tempo: Ocorre uma aceleração por meio do adensamento do tempo[2]. Evidentemente, ganhamos muito com isso: Temos possibilidades ilimitadas, praticamente não existem limites; podemos nos adaptar rapidamente e alcançamos certa riqueza. Mas isso causa também problemas: A oferta é tão grande que já não sabemos mais o que escolher, torna-se cada

---

2. Palestra de Karlheinz Geissler, de 6 de setembro de 2012, no simpósio na clínica de Hohenegg: *Tudo tem seu tempo, só eu que não tenho nenhum.*

A alma precisa de tempo

vez mais difícil saber em que confiar, perdemos a capacidade de nos concentrar em algo, perdemos também facilmente a paciência. Na superfície acontece muito. Mas onde ficaram as perspectivas de longo prazo? Onde assumimos um compromisso duradouro?

Sob a pressão do tempo, é fácil perder o vínculo entre a natureza interior e exterior: O convívio com sentimentos que estabelecem um contato conosco mesmos, com o corpo, com a psique, com os próximos e também com o mundo em geral precisa de tempo. "Na verdade, eu teria me alegrado com as flores da primavera, mas então me lembrei que havia perdido um prazo. Voltei ao trabalho rapidamente. A alegria sumiu – antes mesmo de surgir. A vida é assim", disse um homem muito ocupado de 46 anos de idade, que sofre de "sentimentos do vazio".

Os momentos em que não estamos ativos nos regeneram, são momentos de reflexão; precisamos procurar ativamente momentos de ócio, e quando os encontramos, logo os submetemos ao ditado do tempo: Queremos nos recuperar ou descansar rapidamente.

Evidentemente, não podemos voltar no tempo, e mesmo que sonhemos de uma vida na natureza, sem relógio – na verdade, não é um sonho que levamos a sério: Idealizar o passado não ajuda em nada. Portanto, trata-se de garantir aquilo que, desde sempre, tem sido um problema: fazer de tudo para que, além da divisão e sobreposição do tempo, respeitemos também o tempo rítmico, a nossa necessidade de ritmos na nossa vida. E isso significa em primeiro lugar tomar tempo para determinados aspectos da nossa vida, para que possamos experimentar algo que satisfaça nosso coração, para que voltemos a nos sentir em casa na nossa vida.

Amadurecimento precisa de tempo

Nem sempre, porém, lidamos com um ritmo acelerado da vida. Existem áreas na vida que não podem ser aceleradas. Precisamos tomar uma decisão – e não conseguimos. A decisão ainda não "amadureceu", costumamos dizer. Precisamos de tempo para que algo possa amadurecer; processos de amadurecimento só podem ser acelerados dentro de limites muito restritos – é justamente por isso que falamos de processos: Processos precisam de tempo. Aquilo que precisa crescer e amadurecer, aquilo que precisa se desenvolver, precisa de tempo. Sim, diante de dificuldades de desenvolvimento podemos afastar alguns problemas, mas o desenvolvimento em si precisa de tempo. E é justamente quando esperamos ansiosos algum progresso, percebemos que tudo precisa, que tudo tem o seu tempo. De repente, sabemos qual a decisão que devemos tomar e qual é a prioridade naquele momento. No entanto, não podemos determinar esse momento de antemão. Podemos até ter as nossas agendas, e nossos compromissos parecem aumentar em número com o passar do tempo e determinar cada vez mais a estrutura do nosso dia a dia; mas existem muitas coisas que não se importam com a nossa agenda. Não posso dizer à minha árvore o quanto ela deve crescer neste ano. Posso apenas desejá-lo.

O fato de que a alma precisa de tempo se evidencia também quando algo nos abala e interrompe o curso da nossa vida. Perdemos nossa paz interior, não nos sentimos à vontade conosco mesmos, perdemos o nosso centro – queremos recuperar o nosso senso de nós mesmos, o nosso centro: Isso precisa de tempo.

Quando algo destrói o equilíbrio da nossa alma, precisamos de tempo para recuperar esse equilíbrio. Sabemos que o

A alma precisa de tempo

tempo não cura todas as feridas – mas precisamos de tempo para que o processo de cura possa seguir seu curso. Sem tempo, elas certamente não curam. Quando somos confrontados com situações difíceis, acreditamos num primeiro momento que não as suportaremos. Mesmo assim, conseguimos suportá-las, falamos sobre elas, ficamos atentos às nossas emoções, refletimos sobre a situação, procuramos soluções – tudo isso precisa de tempo. Voltamos a nos envolver com a vida, fazemos experiências novas. A vida volta a nos envolver, traz novas experiências, novos desafios que, com o passar do tempo, conseguimos aceitar e encarar.

Assim como um processo de cura física precisa de tempo, assim como tudo precisa de tempo para recuperar seu equilíbrio, a alma também precisa de tempo.

A alma, porém, precisa de tempo também para aperceber-se de experiências boas; também em experiências lindas, a nossa atenção se volta para a percepção emocional, para as lembranças e ideias que estas despertam, para aquilo que nos enriquece, para aquilo que revivifica nossos sentimentos, para aquilo que nos ajuda a absorver a experiência de forma positiva. Fizemos uma experiência maravilhosa e nos sentimos animados, entusiasmados: Precisamos de tempo para prestar atenção a essas emoções e às experiências que fizemos, às imagens que elas provocam em nossa psique. Se estas experiências emocionais, ricas e existencialmente significativas forem importantes para a nossa qualidade de vida, queremos ser capazes de revivê-las sempre de novo e preservá-las como experiências geradoras de felicidade. E isso precisa de tempo. Essas experiências emocionais e cognitivamente processadas podem sempre ser lembradas e trazidas de volta para a consciência do presente, permitindo assim que nós nos alegremos sempre de novo com uma experiência antiga. Em momento assim, nós nos sentimos vivos e em harmonia com a nossa vida interior e o mundo em nossa volta. Nós nos sentimos em casa em nossas lembranças – lembranças são a pátria psicológica.

A mulher que teve que deixar seu país sente o cheiro de coentro numa cozinha suíça e exclama: "Esse cheiro me lembra a cozinha da minha mãe!" E então ela conta como costumavam cozinhar e comer e quais eram os cheiros que se espalhavam pela casa. E diz melancólica: "Este cheiro me trouxe essas lembranças – agora, voltei um pouco para o meu lar, e vocês estiveram lá comigo". Isso mostra: No passado, ela investiu muito tempo para absorver essas impressões sensuais, e isso se evidenciou em sua imaginação vívida e em suas narrativas precisas.

Porém: Damos à "alma" o tempo necessário para absorver essas experiências? Quando discutimos sobre a pergunta se um período de luto superior a duas semanas já deve ser diagnosticado como distúrbio depressivo, torna-se muito duvidoso se realmente estamos dispostos a dar o tempo necessário para as nossas almas se adaptarem a mudanças drásticas como à perda das pessoas mais importantes em nossa vida[3]. A vida foi radicalmente transformada pela perda, a psique está tumultuada, confusa, e surgem problemas novos com os quais não sabemos lidar nesse estado ferido. E numa situação assim esperam que voltemos a funcionar "normalmente" dentro de duas semanas? Antigamente, concedíamos um ano de luto a uma pessoa que havia perdido um ente querido. Hoje, exigimos que as pessoas voltem a funcionar rapidamente. Luto

---

3. NUBER, U. (2012). "Trauer: Der Preis der Liebe". *Psychologie Heute*, jun./2012, p. 23.

não é doença, é uma reação sensata e normal à perda e ajuda a lidar com essa perda. Trata-se da confrontação com a morte – uma das experiências existenciais mais importantes. A convivência com o luto, que nos ajuda a reencontrar a alegria, faz parte da existência humana. Em situações assim não podemos negar que a mera força de vontade não basta para retomar o dia a dia. Nesses momentos, reconhecemos que possuímos algo como uma alma e que ela exerce uma influência forte sobre a nossa vida e também sobre o nosso corpo. Abalos existenciais nos mostram que possuímos um mundo interior, ao qual não podemos simplesmente impor nossas leis e a nossa vontade.

A alma não possui *lobby*

Atualmente, o mundo interior não recebe muita atenção. As pessoas precisam funcionar, ser bem-sucedidas. Quando não conseguem fazer algo, precisam aprendê-lo. O que importa são os fatos, mas esquecemos que eles também podem significar algo. Uma pessoa que está doente está doente – mas poucos se interessam pela problemática existencial que pode se esconder por trás da doença, pelo incentivo para um desenvolvimento, pelo desafio de desenvolver aspectos inativos da personalidade. A normalidade precisa ser restabelecida rapidamente para que o ser humano volte a funcionar. Por isso, as terapias de curto prazo são mais populares do que uma busca mais demorada daquilo que deu errado na vida, daquilo que precisa ser mudado. A vida é contemplada sob pontos de vista econômicos, a ciência determinante da nossa vida parece ser a economia: aquilo que não rende vale nada. É claro que precisamos da economia. Mas, como disse Ernst Fehr numa entrevista à *NZZ am Sonntag* (22 de julho de

2012), a eficiência do mercado racional rouba a sociedade de sua alma. "O ser humano, porém, precisa de um coração quente e, ao mesmo tempo, de uma cabeça fria"[4].

A princípio, a alma não rende lucros – mas se torna um fator de custo decisivo quando a alma se recusa a cooperar, quando nossa psique "não aguenta mais", quando perdemos a nossa alegria de vida, quando nosso corpo adoece e quando sofremos com depressões e com a síndrome do fósforo queimado. Talvez, então, faria sentido dar atenção para a alma?

Atualmente, procuramos a alma no exterior do corpo: Não queremos uma alma bonita, mas um corpo bonito – um corpo treinado e atlético. Nada contra isso, contanto que a alma preserve seu lugar e seu valor. O sentido da vida pode ser experimentado num corpo lindo – mesmo assim, essa experiência de sentido é muito limitada. Experiências de sentido precisam ser aplicáveis também na idade avançada. O corpo lindo e atlético não consegue render isso sozinho.

Evidentemente existe o mundo interno – também hoje. Quando uma pessoa ama, ela vivencia uma vida interior rica e se sente animada. Cheia de ideias, cheia de visões, ela pensa na pessoa amada. Quando perdemos essa pessoa, seja pela morte, por separação ou simplesmente porque ela passa a voltar sua atenção para outra pessoa, nossa "alma sofre" tanto quanto o corpo. E, muitas vezes, as pessoas não sabem como lidar com essas dores, como lidar com sua alma ferida e desorientada. Elas podem até se sentir vivas em sua dor, ao mesmo tempo, porém, a percebem como sem sentido – e não conseguem encontrar um sentido novo.

---

4. MÜLLER, F.E. (2012). "Die 100-Millionen-Franken-Frage: Wie funktioniert die Wirtschaft?" *NZZ am Sonntag*, 22/07/2012, p. 31.

A alma precisa de tempo

Sabemos, porém, que também as relações de amor podem se transformar em relações de negócios. Isso não vale apenas desde hoje. No entanto, é nisso que a atenção se concentra hoje: Já nos inícios, tratamos de procura e oferta, e o desejo adota as características de uma troca econômica, como explica Eva Illouz[5]. Ela explica o problema da seguinte forma: "Por um lado, a emocionalidade, o amor e o romantismo esfriaram notavelmente. Por outro lado, o amor se tornou imprescindível [...] em tantos aspectos para determinar o nosso valor próprio"[6] – não só para determinar o nosso valor próprio, mas também para a nossa identidade, para a interação, para a ressonância recíproca, para a segurança no relacionamento. Será que a frieza passou a dominar também naquele lugar em que deveria dominar o calor?

Hoje em dia, a alma se manifesta não só no amor, mas em múltiplos temores, medos, alterações de humor, em depressões e síndromes de "fósforo queimado". A psique se expressa em distúrbios. Sob o ponto de vista psicodinâmico, os distúrbios representam aquilo que não está recebendo sua devida atenção na situação atual. Foi esquecido, se perdeu, mas faria parte de uma autorregulação. Isso significa que precisamos dar mais atenção à alma. Não digo isso como crítica fundamental à vida moderna, antes quero dizer que devemos cuidar da nossa alma também na vida moderna – incentivando assim também outras pessoas a cuidarem de sua alma.

O que me interessa é a vivacidade do ser humano e, mesmo que nunca experimentamos uma alma sozinha, mas sempre vinculada a um corpo, minha preocupação é que não perca-

---

5. EVA, I. (2011). *Warum Liebe weh tut.* Berlim: Suhrkamp, 113.

6. Ibid., p. 441.

mos a perspectiva interior da vida: Precisamos cultivar um mundo interior numa relação com os próximos e o mundo como um todo. Precisamos também cultivar o vínculo entre as dimensões interior e exterior, criar um equilíbrio entre as duas. Grandes desequilíbrios provocam declínios, e declínios provocam escorregos.

A preocupação com a alma não é algo novo. Já Nietzsche escreveu em seu *Zaratustra* (1883-1885): "Sentido e anseio são recalcados pelo prazer e pela diversão". Temos aqui uma primeira crítica: As pessoas curtem a vida, mas voltam suas costas para a vida interior, para a vida espiritual e psicológica. É sempre a mesma coisa. O que isso significa? As pessoas são simplesmente assim?

Quando hoje as pessoas se mostram preocupadas com a alma ou até lamentam certa falta de alma (no sentido de uma perda da vivacidade interior, da capacidade de estar em sintonia com o mundo), a causa costuma ser identificada na aceleração – e isso tem um pingo de verdade, pois a alma precisa de tempo. Outra razão, porém, é a economização. Hartmut Rosa, por exemplo, escreve que, por causa da aceleração, nós já não conseguimos mais nos apropriar das coisas: "Não temos mais nenhuma relação com elas que afete nossa identidade, nossa relação é meramente instrumental"[7]. O que falta é ressonância.

A preocupação com a alma é um tema da humanidade – precisamos nos ocupar sempre de novo com essa questão. A aceleração certamente é um tema que precisa ser levado em consideração, mas não é um tema tão novo assim. O choque

---

7. HARTMUT, R. (2012). *Weltbeziehungen im Zeitalter der Beschleunigung –* Umrisse einer neuen Gesellschaftskritik. Frankfurt a. Main: STW, p. 306.

da velocidade começou com a invenção dos trens a vapor – nenhuma pessoa era capaz de correr tão rápido! No entanto: A economização atual, em combinação com a aceleração, com uma sensação de pressa constante, acelera possivelmente também o abandono do mundo interior. O que falta cada vez mais é o ócio. Falta também a contemplação das coisas, a tentativa de transformar eventos em experiências e assim torná-los acessíveis como experiências interiores, que possam ser revividas, lembradas como marcos do desenvolvimento da identidade autobiográfica até a idade avançada. O que me importa é o coração quente, a consciência de que é importante criar um fundo de vida interior, emocional e criativa, que possa servir como nosso "lar". Isso enriqueceria também os relacionamentos humanos.

Alma e sentidos

Nós nos apercebemos do mundo por meio dos nossos sentidos. Somos seres humanos completos – não pensamos apenas, não refletimos apenas, nós nos apercebemos de outros seres humanos, do mundo em nossa volta e de nós mesmos no mundo e nos experimentamos como parte dele. Experimentamos o mundo por meio dos sentidos, nós o vemos, cheiramos, ouvimos, apalpamos, ele mexe conosco externa e internamente. Quando experimentamos beleza, ela nos cativa, e nós percebemos um vínculo com ela nessa situação – não só com ela, mas também com a natureza, com a cultura, com outras pessoas e talvez até com a vida como um todo, com a qual estamos em harmonia neste momento. Percebemos uma identidade transformada, sentimo-nos mais ricos, mais ligados com tudo, e a partir dessa experiência de felicidade percebemos também o mundo de modo diferente: Vemos aquilo que nos alegra. Devemos essa experiência aos nossos sentidos e à imaginação, que acompanha e se alimenta das diversas emoções. Experiências sensoriais, experiências feitas com os sentidos são muito próximas de experiências de sentido. Nessas situações vivenciamos a vida como cheia de sentido. Existe um vínculo entre experiências com os sentidos e experiências com sentido. A palavra *"sinnan"* do alto alemão antigo para a experiência de sentido significa "explorar", "experimentar". Na experiência sensorial podemos vivenciar sentido[8].

Quando nos apercebemos do mundo com todos os sentidos, estamos bem ali onde a vida ocorre neste instante, em determinado espaço, em determinado tempo. Estamos "conosco" e no mundo. Somos seres humanos, da forma como os seres humanos sempre foram: Percebemos a vida com todos os sentidos e assim estabelecemos uma relação erótica com o mundo e com os próximos. Quando percebemos nossos próximos em amor por meio dos nossos sentidos, quando nos sentimos sensualmente atraídos, percebemos como os sentidos estabelecem uma ligação com outras pessoas, com a natureza, com o cosmo. Os sentidos nos ligam ao mesmo tempo com os mundos interno e externo. Experiências por meio dos sentidos são experiências físicas, mas que transcendem em muito a dimensão física. São, ao mesmo tempo, experiências da "alma" como sede da vida. Experiências por meio dos sentidos precisam de tempo. Vivenciamos isso de forma mais intensa em encontros amorosos. Se apressarmos as coisas demais, o encontro fracassa. Nós nos perdemos de vista porque não lidamos com os sentimentos em seu ritmo e porque corremos atrás do desejo em vez de permitir que ele nos guie.

---

8. RIEDEL, I. (2007). "Das Leben schmecken". In: NEUEN; RIEDEL & WIEDEMANN (orgs.). *Sinne, Sinnlichkeit, Sinn.* Düsseldorf: Patmos, p. 11.

A alma precisa de tempo

Quando tomamos tempo para algo, percebemos tudo com todos os nossos sentidos – mas nós nos lembramos também de situações semelhantes e nós as imaginamos. Ou: Queremos manter presente uma experiência o máximo possível, porque ela nos alegra e excita, porque ela nos anima: o céu sobre uma paisagem, por exemplo com uma qualidade de luz que nos encanta e que queremos fixar em nossa memória para lembrar-nos dessa cena sempre que quisermos.

É possível que uma desapropriação dos sentidos se contraponha à experiência concreta dos sentidos. Quando desapropriamos os sentidos, eles continuam a nos orientar no mundo, mas são incapazes de nos dar prazer: Eles nos permitem a funcionar, mas a ligação com a experiência interna, com uma vivência aprofundada do mundo se torna indesejada. A vida pode até se tornar mais fácil e mais rápida, mas deixamos de fazer experiências profundas, não criamos mais vínculos com o mundo. Nossos estados físicos já não importam mais tanto. O quanto desprezamos nossos sentidos, também sob a tirania do tempo, se evidencia quando passamos a transmitir experiências emocionais importantes como mera informação e não mais como narrativas. Desapropriar os sentidos significa também ignorar os sentidos e deixar de exercitá-los. Nossas refeições poderiam ser uma festa para os nossos sentidos – mas muitas vezes não o são. Quando comemos correndo, com nossos pensamentos voltados para outra coisa, sem degustar a comida, perdemos algo. Uma existência sensorial seria enriquecedora – a vida aconteceria realmente onde estamos e não onde não estamos. E são as pequenas alegrias que costumam aumentar a nossa qualidade de vida e que criam uma harmonia entre nós e o mundo.

1 Ressonância

Ressonância significa re-soar. Sons são frequências, por isso, ressoar significa também que as frequências se propagam, que podemos transmitir determinadas frequências uns aos outros. Algo que percebemos no mundo – música, por exemplo – nos coloca em sintonia, nos revigora, sentimo-nos mais vivos do que antes, mais emocionados, mais atentos – lembranças aparecem, desejos, fantasias. Por um instante, somos tocados por algo, sentimo-nos um com aquilo que nos toca. E isso vale para tudo que podemos perceber por meio dos nossos sentidos, ou seja, vale para o mundo inteiro: para as pessoas, para a natureza, para a arte, para histórias e filmes. Em momentos assim, nós nos sentimos animados, mas precisamos tomar tempo para isso. Nosso mundo interior pode exercer uma influência semelhante sobre a nossa experiência: Temos um sonho com um gato misterioso. A imagem desse sonho ocupa nossos pensamentos. O que esse gato está fazendo na vida da nossa alma? De repente, o gato no telhado do vizinho recebe uma atenção diferente: Evidentemente, não é o gato do nosso sonho. Mas nossos pensamentos se relacionam com ele, com este gato não misterioso. Gatos são relacionados a sentimentos, ao mundo da imaginação, ao mundo dos símbolos.

A importância da ressonância para a nossa vida interior se evidencia sobretudo nos relacionamentos humanos, principalmente em relacionamentos românticos e também em amizades longas. Quando estamos apaixonados, experimentamos o que significa estar em ressonância com outra pessoa, de vibrar na mesma frequência. Prestamos atenção em cada detalhe, tudo é interessante, nós reagimos a tudo, não só na experiência, mas também na expressão. Essa interação feliz, a profunda ressonância entre as frequências de duas pessoas na mesma emocionalidade é o que caracteriza a paixão e que transmite a sensação de união – e, às vezes, essa sensação se estende ao mundo inteiro: Poderíamos abraçar o mundo inteiro. No fundo, trata-se de um estado místico.

Já que ainda não conhecemos muito bem a outra pessoa, a imaginação, as fantasias ocupam um papel importante. Não é só a outra pessoa real com seu corpo que nos atrai, mas também as fantasias sobre ele ou ela, sobre o nosso convívio, que, por sua vez, têm um efeito sobre o outro. Quando vemos uma pessoa à luz de seus maiores potenciais, quando a vemos com uma mente aberta em relação a seus possíveis desenvolvimentos, a pessoa amada consegue – em ressonância com nossa visão – desenvolver-se nessa direção[9]. O amor é capaz de transformar as pessoas. No estado da paixão, as fantasias se abrem em direção aos potenciais. Ao longo do desenvolvimento do relacionamento, a realidade do dia a dia pode afetar a abertura da ressonância idealizadora. No melhor dos casos, leva a uma avaliação amorosa e realística, que inclui também

---

9. KAST, V. (2009). *Wie Fantasien unsere Liebesbeziehungen prägen.* Stuttgart: Kreuz.

A alma precisa de tempo

as sombras[10] da pessoa amada; num caso menos positivo, isso pode provocar uma limitação generalizada e, portanto, uma decepção: Eu estava enganado.

Quando um relacionamento entre duas pessoas perdura, essa ressonância constante gera um eu relacional.

O eu relacional

O eu relacional é um eu que surge entre duas pessoas quando estas se envolvem uma com a outra: Trata-se da interiorização da dinâmica de um relacionamento vivo e empenhado. Esse eu relacional é formado pelo relacionamento eu-você, pelo encontro, na ressonância mútua e nos atos diários, naquilo que formamos e construímos juntos. Ressonância significa conscientizar-se do outro, influir sobre o outro e assim confirmar e questionar constantemente a própria identidade. Alguém se diverte ou se aborrece comigo – preciso reagir a isso. Reagimos também emocionalmente com as nossas fantasias e corrigimos nossa postura ou nossa conduta. Ou não mudamos nada, resistimos porque sentimos que isso é necessário naquele momento. A própria identidade – refletida no outro – se torna visível. Mas ela não é apenas refletida, ela também é ativada, agitada, formada: "Eu devenho; e no meu devir eu digo tu. Toda vida verdadeira é encontro", como formula Martin Buber[11]. Tornar-se eu por meio do tu, se o permitirmos: sempre de novo, em cada novo relacionamento, e isso significa, quando nos encontramos também em ressonância, quando a outra pessoa não se transforma em "obje-

---

10. KAST, V. (1999, 2012). *Der Schatten in uns* – Die subversive Lebenskraft. Munique: Patmos/DTV/Ostfildern.

11. BUBER, M. (1979). "Ich und Du". *Das dialogische Prinzip*. Heidelberg: Lambert Schneider, p. 15.

to". Quando estamos em ressonância, nós nos asseguramos de nossa identidade. Isso inclui um avivamento mútuo de aspectos da personalidade ao longo do tempo[12]. Esse eu relacional está sempre em processo de devir, ele muda com o tempo e com o relacionamento. Ambos os envolvidos vivenciam esse eu relacional sob seu próprio ponto de vista, mesmo quando é vivenciado como algo compartilhado. No encontro com o tu, projeções também exercem um papel importante: Todos os relacionamentos amorosos que já vivenciamos – desde a infância – são projetados sobre esse tu. Segundo Buber, o tu contém também o "tu absoluto".

Mas também no relacionamento amoroso (e isso é outro aspecto do eu relacional) existe o "relacionamento eu-id": Quando não estamos em ressonância, o tu se transforma em id, mas pode, "por meio do início de um processo relacional, transformar-se em tu"[13]. Existe o mundo moldável e moldado a partir do relacionamento, com o qual podemos e devemos lidar; Buber o chama de "mundo do id"[14], que se concretiza no tempo e no espaço. Mas um eu relacional inclui sempre também os "momentos do tu". "Nessa crônica sólida e positiva, os momentos do tu se apresentam como episódios lírico-dramáticos maravilhosos, de um encanto sedutor..."[15]

O eu relacional, como relacionamento eu-id moldado, inclui o dia a dia compartilhado, inclui os interesses compartilhados, as obras realizadas em conjunto. Essas "obras" podem

---

12. KAST, V. (2009). *Paare* – Wie Fantasien unsere Liebesbeziehungen prägen. Stuttgart: Kreuz.

13. BUBER, M. (1979). *Das dialogische Prinzip*, p. 37.

14. Ibid.

15. Ibid.

A alma precisa de tempo

ser filhos, empreendimentos criados juntos através de incentivos, desafios e impulsos. Na maioria dos relacionamentos, tornam-se possíveis coisas que jamais teriam sido possíveis sem o outro – outras possibilidades são negligenciadas. Já que ambos os envolvidos participam desse eu relacional, eles o experimentam como algo comum, mesmo que o vivenciem a partir de sua própria perspectiva: Participamos da vida do outro, o outro participa da nossa vida. Acatamos e adotamos várias coisas do outro, nós nos adaptamos um pouco, o outro também adota algo de nós. Nós compartilhamos do outro, e essa parte compartilhada se transforma quando um relacionamento permanece vivo. Por outro lado, projeções e modos de ver o outro podem permanecer iguais durante anos. Durante muito tempo não prestamos atenção naquilo pelo qual o parceiro ou a parceira realmente se interessa – projetamos nossos próprios interesses – e o outro, a outra não se opôs a essa projeção. Apenas quando esse eu relacional não pode mais ser desenvolvido, porque o parceiro morre ou por causa de uma separação, percebemos o que esse eu relacional realmente era, mas também que ele chegou a um fim. Não podemos desenvolvê-lo mais com essa pessoa, e aspectos essenciais da identidade, representados por esse eu relacional, são questionados.

Num nível mais inconsciente, fazem parte desse eu relacional não só projeções e delegação, mas também qualidades e desenvolvimentos pessoais provocados pelo relacionamento e encorajados pelo amor, pela ressonância mútua[16]. Esse aspecto do eu relacional se fundamenta na paixão, na fase em que projetamos um sobre o outro as possibilidades de uma

---

16. KAST, V. (2009). *Paare*, p. 11.

vida ideal e um possível futuro – a visão para o eu relacional. Mesmo que muito seja idealizado, conseguimos ter uma noção de desenvolvimentos possíveis, que podem ser realizados em parte por meio do relacionamento comum. Evidentemente, ao longo do relacionamento, evidenciam-se algumas características que nem sempre consideramos positivas: a mulher, por exemplo, que perde sua confiança porque é traída repetidas vezes. No eu relacional se evidenciam também efeitos recíprocos difíceis. E evidentemente existem num relacionamento íntimo sempre partes do eu que permanecem intocados pelo relacionamento.

A ressonância, o fundamento do eu relacional, se manifesta não só em encontros encantadores, mas também em conversas sinceras e profundas. O outro nos conta algo que ressoa em nós, nós nos lembramos de algo, compartilhamos e criamos algo em conjunto. Nessas conversas, que se fundamentam numa ligação pelo inconsciente, descobrimos como os dois vivenciam o mundo e também como essas vivências harmonizam.

Quando contamos algo que nos entusiasma, isso desperta outras experiências do que quando compartilhamos experiências em que fomos apenas vítimas. Neste segundo caso, o eu relacional se transforma em uma instituição que nos permite lamber nossas feridas ou fomentar nosso ódio e nossa amargura. Quando a relação eu-id passa a dominar, as conversas servem apenas para solucionar problemas, mas não para conversar um com o outro. Uma conversa, um diálogo surge quando um se envolve com o outro, quando contamos um ao outro o que nos ocupa emocionalmente neste momento. Muitas vezes compartilhamos aquilo que nos interessa, sobre nossos interesses.

A alma precisa de tempo

O desenvolvimento de um eu relacional é, para mim, um exemplo central daquilo que pode surgir dentro do ser humano quando ele procura estar em ressonância com o mundo por meio dos seus sentidos e de sua língua. Quando nos envolvemos com outra pessoa, aspectos nossos, nossa própria identidade é revivificada. Mas participamos também da outra pessoa, nós nos estendemos para a vida do outro, mas ao mesmo tempo temos experiências de solidão, de separação. O desenvolvimento de um eu relacional precisa de um relacionamento que dure e, dentro do relacionamento, tempo para o encontro: não só para os momentos bonitos, em que estamos em ressonância um com o outro, mas também para distúrbios e perturbações. Quando nos irritamos, isso significa que houve uma perturbação no relacionamento. Precisamos dedicar tempo a ela. Talvez seja necessária apenas uma pequena correção na forma de convívio, mas que exerce uma influência sobre o nosso eu relacional, mesmo que não o percebamos no momento. Uma irritação indica que não nos sentimos respeitados em nossos limites ou que o outro não nos permite ampliarmos nossos limites. Isso é importante em parcerias íntimas: Justamente pelo fato de compartilharmos tanto, precisamos defender nossa própria integridade. Quando ficamos irritados isso indica que a integridade está sendo questionada. Expressar a irritação antes de ela se transformar em raiva ajuda a corrigir conscientemente essa dinâmica entre o eu próprio e o eu relacional. Isso exige atenção e tempo – e pode ser útil conscientizar-se e expressar as fantasias relacionadas a essa emoção. Para que isso seja possível, precisamos de empatia.

Empatia

A ressonância se baseia em empatia, e empatia se fundamenta em ressonância. Nós seres humanos nos compreendemos como seres empáticos. Insistimos na importância da empatia, porque a tentação de se relacionar com outra pessoa apenas enquanto ela servir aos nossos planos é real numa sociedade em que a concorrência e a eficiência são tão valorizadas. O que está em perigo são os relacionamentos, a visão do ser humano digno, o que está em perigo é o humano. Se não quisermos apenas instrumentalizar, usar, explorar outras pessoas, mas realmente manter um relacionamento com elas e respeitá-las, a empatia se torna imprescindível.

Pessoas podem ser empáticas. Intuímos o que uma outra pessoa está prestes a fazer, como uma conversa se desenvolverá, como o outro se sente. Nós sentimos a dor quando outra pessoa se queima, reconhecemos dúvidas e ceticismo no rosto do outro, mas também a alegria. Podemos compreender-nos emocionalmente, desenvolvemos ideias sobre aquilo que se passa na mente do outro e somos capazes de sentir com o outro, somos empáticos. Temos também a capacidade de expressar a nossa compaixão. Quando essa expressão é autêntica, isso gera simpatia. É imprescindível manter certa distância para que o outro não precise temer que essa expressão de compaixão signifique uma invasão de seu território. A capacidade da empatia é uma grande ajuda no convívio diário[17]. Uma pessoa que vivenciou pouca empatia de terceiros costu-

---

17. Os neurocientistas encontraram para isso um fundamento neurobiológico, os chamados neurônios espelho. Eles ainda estão sendo discutidos. Não são incontestados. Cf., p. ex.: IACOBONI, M. (2008). *Woher wir wissen, was andere denken und fühlen* – Die neue Wissenschaft der Spiegelneuronen. Munique: DVA.

ma ter dificuldades de se identificar com os sentimentos de outra pessoa. No entanto, é possível aprender isso. Para isso, precisamos do desenvolvimento da imaginação. Precisamos colocar-nos no lugar do outro e conseguir imaginar que ele é diferente de mim: ele é igual como ser humano, mas é também diferente. O fato de eu curtir um esporte não significa que o outro o curta também. Mas ele também deve curtir algo.

Conseguir ter uma noção das intenções e dos sentimentos de outra pessoa é útil, e nós conseguimos fazer isso quando tomamos tempo para isso. E normalmente precisamos de pouco tempo para isso. Se quisermos valorizar a solidariedade, se quisermos viver em relacionamentos confiáveis, a despeito da vida corrida, então o desenvolvimento de empatia é de importância central. Empatia é algo que se aprende. Por exemplo: Quando lemos histórias sobre outras pessoas e seus destinos, mergulhamos nessas histórias. Ao mesmo tempo, mergulhamos em nosso próprio mundo da fantasia, que pode ser experimentado em ressonância com essas histórias. Podemos nos colocar no lugar dos personagens, podemos até nos identificar com eles, sentimos com eles, assustamos com eles, sentimos quando um perigo se aproxima e queremos ajudar a evitá-lo. Quanto mais histórias lemos, mais perspectivas sobre a vida humana e sobre a conduta humana adquirimos, mais opções ganhamos para a nossa própria vida, mas também mais possibilidades para nos colocar na situação de outros. Ou seja: somos empáticos. A precondição é vivenciar histórias que nos permitem identificar-nos com elas. E isso também precisa de tempo.

Empatia conosco mesmos

Precisamos diferenciar: Nossas emoções ocorrem de forma somática; por isso, o fato de conseguirmos identificar e expressar nossos sentimentos é notável. Conseguimos decodificar sinais como estresse, respiração rápida, suor ou um aperto na garganta como medo e formular também o que nos passa essa sensação de ameaça. Quando conseguimos fazer isso, conseguimos também lidar com o problema que provocou o medo em nós. Sentimentos conscientes são experiências emocionais e mentais importantes e nos ajudam a nos orientar. Numa situação de medo evidente, que desencadeia no corpo todo o programa biológico do medo, não é difícil perceber esse medo de forma consciente. Mas e se sentirmos apenas um leve mal-estar nos intestinos? Nós simplesmente o ignoramos ou tomamos o tempo para sentir nosso corpo, para prestar atenção em nossos sentimentos e observar os pensamentos que esse mal-estar provoca em nós? Talvez não seja nem medo nesse caso, mas vergonha. Quanto melhor conseguirmos diferenciar e identificar nossas emoções e traduzi-las em sentimentos, melhor conseguiremos lidar conosco mesmos e com outras pessoas numa situação social.

Numa situação assim, posso sentir compaixão também comigo mesmo: "Que pena que você" – em situações assim sempre nos dirigimos a nós mesmos com "você" – "sempre reage com tanto medo numa situação tão importante". Normalmente, conhecemos também a origem dessa sensibilidade excessiva. Na maioria das vezes, tem a ver com algum contexto biográfico, com experiências em que corremos perigo. Percebemos a nossa angústia da mesma forma como percebemos a angústia alheia – mas podemos ser dominados tanto por nossa angústia ao ponto de perdermos qualquer distância, deixando-nos incapazes de fazer qualquer coisa senão gritar ou chorar. A empatia conosco mesmos criaria, portanto, certa distância que nos permitiria estabelecer um contato conosco mesmos nessa situação difícil. Essa distância permite que eu me veja como se fosse uma pessoa estranha – e assim como sinto empatia e compaixão por outra pessoa, eu posso sentir o mesmo por mim, com meus desejos, minhas alegrias e minhas tristezas.

A empatia comigo mesmo exerce um papel importante quando olho para minha própria vida: uma empatia posterior, que estabelece um contato emocional com o nosso passado, com aquele que realmente aconteceu. De repente, entendemos como conseguimos superar determinadas situações, determinados desafios. Ou reconhecemos que, durante muitos anos, enfrentamos corajosamente determinados medos, que tivemos a coragem de não fugir do medo. Posteriormente, reconhecemos nosso mérito, lamentamos as dificuldades, mas somos gratos por termos lidado com aquilo daquela forma. Ou nós nos lembramos de desejos que incentivaram determinados desenvolvimentos. Às vezes, conseguimos apreciar isso apenas em retrospectiva.

Esse relacionamento empático consigo mesmo e o auto-distanciamento que este possibilita é importante para a aceitação amigável daquilo que é, mas também para abrir mão de uma irritação. Imagine uma preocupação que ocupa todo o seu pensamento. Imagine-se então como uma pessoa tomada por essa preocupação. Talvez você consiga até imaginar isso de forma plástica: imagine então como essa preocupação personificada está sentada sobre seu corpo inteiro. Essa imagem permite que você desenvolva empatia: Você quer ajudar essa pessoa que está sendo oprimida por essa preocupação. Isso já é muito diferente de uma autoconfrontação sem empatia: Você deixa de se julgar e condenar, você vê o que é – ou você chega à conclusão de que precisa aceitar a situação ou reconhece que precisa mudá-la. Assim, a preocupação pode assumir uma forma concreta: ela deixaria de ser uma preocupação difusa.

Enquanto a emoção demonstra uma reação estereotípica do corpo diante de um problema, o sentimento e o estado mental correspondente permitem a reflexão e também a empatia, abrindo assim o caminho para uma solução criativa para o problema. Podemos criar vínculos com o passado e com o futuro, podemos refletir, pensar, experimentar, imaginar, tanto em relação a nós mesmos quanto em relação a terceiros, se tomarmos o tempo para isso.

2 A alma se manifesta em imaginações

Segundo Spinoza, as coisas são imaginadas e lembradas por meio da força da alma. Imaginações correspondem então à força da alma[18]. O vínculo entre o exterior e o interior, a ressonância se manifesta em imaginações.

A percepção sensorial não pode ser compreendida sem a força de imaginação, que estabelece um vínculo entre os mundos interior e exterior. As pessoas não podem viver sem força de imaginação: Nossas lembranças vivem dela, nossos planos, nossos desejos, nossos projetos para o futuro, mas também nossas conversas e nossas narrativas[19]. Quando contamos algo uns aos outros, nós recorremos à força de imaginação do outro: "Imagine o que eu acabei de vivenciar..." E quando a nossa narrativa é boa, todos os sentidos do outro são ativados.

Kant considerava a força de imaginação um ingrediente necessário da própria percepção: "[...] a força de imaginação

---

18. SPINOZA, B. (1905, 1963). *Die Ethik nach geometrischer Methode dargestellt.* Hamburgo: Felix Meiner, p. 121 [Trad. de O. Baensch].

19. KAST, V. (2012), *Imagination* – Zugänge zu inneren Ressourcen finden. Ostfildern: Patmos.

pretende reunir os aspectos múltiplos da percepção em uma única imagem"[20]. A percepção, por sua vez, se deve aos sentidos. As imaginações processam a percepção sensorial e a reúnem numa única imagem.

Hoje existem teorias semelhantes. O neurocientista Damasio[21] acredita que o cérebro produz constantemente uma superabundância de imagens geradas pela percepção sensorial, que, por sua vez, ativam lembranças: imagens explícitas são acompanhadas por imagens implícitas, que "representam o estado do próprio corpo durante o desdobramento de todas essas imagens"[22]. Essas imagens são organizadas pelo cérebro, como se um diretor cinematográfico estivesse trabalhando. O ser humano só pode se conscientizar de poucas imagens num determinado momento. "Imagens particularmente valiosas foram 'destacadas' por fatores emocionais em virtude de sua grande importância para a sobrevivência"[23]. Damasio considera a consciência um "filho tardio"[24]. Ele descreve sua importância evolucionária desta forma: "O aparelho de pro-

---

20. "Que a imaginação seja um ingrediente necessário da própria percepção, certamente ainda nenhum psicólogo pensou. Isto acontece, em parte, porque se limitava essa faculdade apenas às reproduções, e, em parte, porque se acreditava que os sentidos nos forneciam não só impressões, mas também as encadeavam e conseguiam formar imagens dos objetos, o que, sem dúvida, além da receptividade das impressões, ainda exige algo mais, a saber, uma função que as sintetize" (KANT, I. *Kritik der reinen Vernunft* - Einheit des Ich und Kategorien. Hamburgo: Felix Meiner [1. ed., 1781; 2. ed., 1987. Reeditado por Raymund Schmidt na base da 1. e da 2. ed.]).

21. DAMASIO, A.R. (2011). *Selbst ist der Mensch* - Körper, Geist und die Entstehung des menschlichen Bewusstseins. Munique: Siedler, p. 185ss.

22. Ibid., p. 185.

23. Ibid., p. 186.

24. Ibid., p. 188.

A alma precisa de tempo

cessamento de imagens só podia ser manipulado e controlado pela reflexão e servia *para antecipar mentalmente determinadas situações, para prever possíveis consequências, para orientar-se no possível futuro e para inventar soluções práticas*" (grifo no original)[25].

Nossas imaginações criam um vínculo entre os mundos interior e exterior – no sentido mais amplo – e possibilitam experiências holísticas. A fantasia como imaginação, *imaginatio* em latim, tem uma longa história. Em seu escrito *De anima* (Da alma), Aristóteles fala do ato de imaginar e da imagem imaginada. Para ele, a força de imaginação é a "capacidade sensual de ter visões puramente internas com órgãos sensoriais fechados e abertos"[26]. Em Aristóteles, as imaginações correspondem aos sentidos. Para ele, as imaginações apresentam graus diferentes. Primeiro, referem-se a lembranças: Eu me lembro de um lugar em que estive e o visualizo interiormente. Essas lembranças podem ser vinculadas a outras coisas, como acontece, por exemplo, nos sonhos, em que símbolos se condensam: uma cidade da qual eu sonho pode ser, ao mesmo tempo, uma outra. E Aristóteles fala também sobre a possibilidade do ser humano de querer imaginar algo – projetando o interior sobre o exterior[27]. Isso fala do aspecto criativo da imaginação.

Essas reflexões fundamentais continuam a ser essenciais para a compreensão da força da imaginação. Cito mais uma vez Damasio: "Poderíamos dizer que as imaginações são a moe-

---

25. Ibid.

26. BUSCHE, H. Apud HÖFFE, O. (org.) (2005). *Aristoteles Lexikon*. Stuttgart: Kröner, p. 442s.

27. ARISTÓTELES. *De anima*. Livro III, 427b, p. 18-20.

da do nosso espírito"[28]. Mas isso significa também que sempre imaginamos algo. Durante o sono, essas imaginações são vivenciadas como sonhos.

Imaginações são impensáveis sem a percepção sensorial. Podemos perceber o mundo com cada qualidade sensorial, com a visão, o tato, o olfato, o paladar, a audição, podemos senti--lo no corpo por meio da percepção cinestésica. Se quisermos aprimorar nossa capacidade imaginativa, podemos procurar a natureza e nos movimentar nela com sensos atentos, perceber o mundo com uma atenção sensorial.

Algumas imaginações são imagens fiéis do mundo que percebemos com nossos sentidos, algumas harmonizam mais com o mundo interior, como aquelas que se manifestam em nossos sonhos. Nesses casos, não são geradas diretamente por experiências reais, mas pelo todo das experiências emocionais feitas pelas pessoas. Quando essas imaginações têm uma forte ênfase emocional, elas se tornam significativas para nós.

Com nossas imaginações, orientamo-nos não só no mundo e nos nossos contextos, mas tentamos também lembrar-nos de experiências que nos alegram. Imaginemos uma experiência amorosa positiva. Ela passou, mas tentamos mantê-la viva em nossa imaginação o máximo possível, tentamos repeti-la sempre de novo em todos os nossos canais sensoriais. Ainda sentimos o beijo, o toque leve sobre a pele, a excitação. Esse caminho de fora para dentro é muito importante. Vemos uma obra de arte que nos fascina – e nosso humor muda. Sentimo-nos "animados", revigorados, porque ocorreu uma ressonância na nossa psique, estamos em contato com os mundos interior e exterior.

---

28. DAMASIO, A.R. (2000). *Ich fühle, also bin ich* – Die Entschlüsselung des Bewusstseins. Munique: List, p. 383.

A alma precisa de tempo 39

De fora para dentro – de dentro para fora. As imaginações criam um vínculo entre os mundos interior e exterior, elas se encontram "entre" eles. Elas nos permitem estar conosco mesmos, mas também a imaginar o outro, o seu mundo, aquilo que ele pensa e sente. A imaginação pode se perder no outro ou no mundo externo, quando nos concentrarmos totalmente no outro e nos perdermos de vista, mas ela pode se perder também no interior: Quando perdemos o outro de vista.

Se quisermos preservar nosso mundo interior em um contato vivo com o mundo exterior e experimentar a ressonância entre nós e um relacionamento revigorante que afete também os nossos sentimentos, podemos cultivar a imaginação. Isso precisa de tempo.

Força de imaginação e emoção

Imagens e imaginações provocam emoções, emoções podem ser traduzidas em imagens que podemos imaginar ou representar.

Segundo Damasio, emoções são provocadas "por imagens de objetos ou eventos, que acontecem neste momento ou que aconteceram no passado, mas que agora são lembrados [...]. Não importa se essas imagens são vivenciadas 'ao vivo', se elas são reconstruídas a partir de lembranças ou se são criadas do nada pela imaginação – elas desencadeiam uma sequência de eventos"[29]. Para Damasio, fazem parte desses eventos a língua, movimentos e atividades, que se expressam de modo a confundir o "estado de vida" em vários níveis do corpo, por exemplo, por meio de ataques de medo, que

---

29. DAMASIO, A.R. (2011). *Selbst ist der Mensch*, p. 124s.

podem afetar até o sistema imunológico[30]. Em sua opinião, as imaginações exercem grande influência sobre o corpo e sobre nossos relacionamentos com as pessoas e o mundo.

Encontramos a importância central das imaginações para o ser humano também numa citação de C.G. Jung. Em uma carta de 1929, Jung escreve: "Acredito verdadeiramente que a força de imaginação criativa seja o único fenômeno espiritual primordial que nos é acessível, o verdadeiro fundamento da nossa alma, a única realidade imediata"[31].

Segundo Jung, as emoções são traduzidas em imagens, em símbolos, tornam-se visíveis em nossa imaginação. As emoções moldam as imaginações. Numa situação de crise psicológica, emoções traduzidas em imagens podem nos acalmar: Podem ser imagens internas ou imagens pintadas. Existem muitas formas de trabalhar com imagens[32]. O procedimento que determina a maioria das técnicas aplicadas no contexto da terapia junguiana remete a uma experiência de Jung que ele descreveu no livro "Memórias, sonhos, reflexões"[33], no contexto de sua ocupação com o inconsciente: Num estado de excitação emocional, ele se concentrou na emoção e permitiu que imagens viessem à tona. Ele escreveu: "Na mesma medida em que conseguia traduzir as emoções em imagens, i.e., encontrar as imagens que nelas se escondiam, eu me acalmei. [...] Meu experimento me levou à descoberta de o quanto

---

30. Ibid., p. 126.

31. JUNG, C.G. "Carta de 10 de janeiro de 1929 ao Dr. Kurt Plachte". *Briefe I.* Olten: Walter, p. 86.

32. RIEDEL, I. & HENZLER, C. (2004). *Maltherapie* – Eine Einführung auf der Basis der Analytischen Psychologie von C.G. Jung. Stuttgart: Kreuz.

33. JAFFÉ, A. (1962). *Erinnerungen, Träume, Gedanken von C.G. Jung.* Zurique: Rascher.

A alma precisa de tempo 41

pode ser útil, do ponto de vista terapêutico, conscientizar-se das imagens que se escondem por trás das emoções"[34].

Por outro lado, as imaginações exercem uma influência também sobre as emoções. Imagine-se numa situação em que você tem uma imaginação que o assombre. Você se sente perseguido. Quando evocamos essa imaginação quando caminhamos sozinhos por uma rua escura, esse nosso medo aumentará, e a imaginação se tornará ainda mais assustadora. Evidentemente, isso vale também para imaginações que nos alegram, por exemplo, para a alegria antecipada.

A alegria antecipada é determinada pela força da imaginação

Quando antecipamos algo com alegria, imaginamos algo esperado em todos os detalhes – se permitirmos a alegria antecipada. E quanto mais alegria antecipada nós nos permitimos sentir, mais vivaz se torna a nossa imaginação.

A melhor alegria é a alegria antecipada. A alegria antecipada vive no futuro e, portanto, completamente na imaginação, mas ela vive também da imaginação do futuro. Por isso, ela é diferente da alegria "normal", que irrompe em determinada situação e que precisa ser vivenciada naquele momento para que a possamos reviver repetidas vezes na memória. A alegria antecipada resulta de uma imaginação. Ela é nutrida por anseios, desejos, expectativas e é abafada por experiências negativas. Na alegria antecipada, experimentamos em nossa fantasia já uma expectativa realizada. A ocasião que provocará a alegria é imaginada como algo que ocorrerá quase que com certeza. A alegria antecipada surge quando temos uma certeza quase absoluta de que o nosso maior desejo,

---

34. Ibid., p. 181.

nosso anseio mais ardente se realizará. Temos uma grande liberdade na antecipação de um evento do qual esperamos grande alegria. Podemos imaginar um evento futuro de modo que ele nos dará uma grande alegria. No entanto, essa alegria antecipada pode se transformar também em fonte de grande decepção. Pois quando o esperado não acontece ou acontece de forma diferente do esperado – e isso é o que acontece na maioria dos casos – nós ficamos decepcionados, temos sentimentos de vergonha ou culpa, também sentimentos de luto, pois perdemos algo que deu direção e conteúdo à nossa vida, mesmo quando ainda não havia se realizado. Precisamos chorar expectativas frustradas.

A alegria antecipada é muito importante para o ser humano: Nela se expressa um anseio que nos eleva sobre o dia a dia, que nos encoraja, incentiva e anima.

Na alegria antecipada antecipamos uma situação na vida – muitas vezes, uma situação social – que imaginamos segundo os nossos desejos e nossas necessidades. Na situação concreta, porém, participam todos os envolvidos. Na alegria antecipada, que o teórico das emoções Izard chama de "alegria mágica", tendemos a ignorar a realidade dos outros envolvidos. Isso tem a vantagem de nos conscientizar daquilo que realmente nos alegraria, isso nos permite reconhecer nossos desejos e anseios, mas também as nossas expectativas.

Algumas pessoas recomendam controlar a alegria antecipada, a não permitir que ela cresça demais. Assim, querem evitar possíveis decepções. No entanto, a decepção não seria tão grande se nos conscientizássemos do fato de que a alegria antecipada precisa ser vista por si só, independentemente da realização concreta daquilo que imaginamos. Em todo caso, ninguém pode tirar a alegria antecipada de nós – mas ela também não pode ser revivida, caso algo venha a acontecer de forma mais positiva do que esperávamos.

Imaginação e facticidade são dois níveis diferentes, mesmo que interajam um com o outro. Na imaginação temos possibilidades ilimitadas, na vida real e factual as possibilidades são poucas. A imaginação, quando conseguimos acessá-la livremente, nos abre um campo de possibilidades que nos atraem.

A emoção orienta

As lembranças que podemos ativar são tantas que precisamos de critérios de seleção. Com nossas lembranças reagimos a experiências que fazemos no mundo, a experiências e narrativas com e de outras pessoas. Nossos sonhos, mas também os sonhos narrados por outras pessoas, evocam lembranças, que pouco têm a ver com o sonho. Nós associamos experiências a desejos atuais e passados – e assim nos sentimos vivos, pois essas lembranças estão vinculadas a emoções. A questão é se damos espaço a essas lembranças, se permitimos que elas se manifestem em emoções ou se as transformamos em informações frias, que são esquecidas imediatamente assim que não precisarmos mais delas.

Nossas lembranças dependem, porém, também da emoção predominante em determinado momento: Quando nos sentimos melancólicos, nós tendemos a nos lembrar de eventos melancólicos. Quando estamos irritados, lembramo-nos de outras experiências irritantes. Os teóricos da memória – Markowitsch, por exemplo – falam nesse contexto de "lembranças correspondentes ao estado emocional momentâneo"[35]. É

---

35. MARKOWITSCH, H.J. (2002). *Dem Gedächtnis auf der Spur. Darmstadt*: Primus, p. 83.

assim que designam a experiência demonstrada em estudos segundo os quais a emoção predominante "canaliza" as lembranças: Quando estamos tristes, tendemos a nos lembrar de outros episódios tristes da nossa vida ou de episódios que justificam o nosso sentimento de tristeza neste momento.

Memória, emoção e força de imaginação dependem umas das outras. Aquilo que nos permite vivenciar a duração na vida, aquilo que nos diz que as experiências sempre têm também um significado, que nem tudo importa igualmente – isso nós experimentamos na nossa imaginação. "Alma", o elemento de vida no ser humano, é experimentado principalmente nas emoções e nos sentimentos.

Emoções estabelecem relacionamentos

Emoções, sejam elas percebidas ou não, os sentimentos e o humor fazem parte do equipamento básico biológico do ser humano. Emoções regulam o relacionamento conosco mesmos, com os próximos e com o mundo. Emoções são vivenciadas fisicamente – quando vemos uma pessoa amada, sentimos um frio na barriga, ou sentimos o calor da raiva esquentando nossa cabeça. Emoções são, muitas vezes, uma reação a situações com outras pessoas e do mundo, elas comunicam algo a estas quando as expressamos. E também a nós mesmos as emoções ajudam a compreender que algo especial aconteceu no relacionamento e que precisamos reagir: ao medo ou à irritação, à alegria ou a uma curiosidade.

Vejamos o exemplo da irritação: De repente, nós nos irritamos. Sentimos uma excitação no corpo e a interpretamos como irritação. A emoção se transformou em sentimento identificável. Imaginações acompanham essa emoção, que nos dizem que devemos atacar o outro porque ele nos ameaça. A

A alma precisa de tempo 45

emoção me "diz", que o outro invadiu o meu território, que ele se aproximou demais, que ele se permitiu algo que eu não posso aceitar. Preciso reagir[36]. E essa reação pode ocorrer numa interação direta com essa outra pessoa, numa conversa amigável ou numa briga. Mas podemos também reagir apenas na nossa imaginação, podemos imaginar uma vingança, podemos nos acalmar fisicamente controlando a respiração ou também com a ajuda de imaginações: tentamos imaginar formas de nos defender da próxima vez ou podemos imaginar-nos fortes o bastante para resolver o problema com calma e tranquilidade.

A irritação e também a raiva são emoções "rápidas": Percebê-las e dominá-las também exige tempo.

Damasio compreende as emoções como um conjunto complexo de reações químicas e neuronais, que nos ajudam a sobreviver. Elas são biologicamente determinadas e dependem de estruturas cerebrais inatas. Elas podem ser ativadas automaticamente e servem à autorregulamentação. O corpo, por sua vez, serve a todas as emoções como "palco". Emoções são, porém, também responsáveis por "mudanças profundas na paisagem do corpo e do cérebro". Essas mudanças são padrões neuronais aos quais correspondem imaginações e que nos permitem sentir, perceber e identificar as emoções[37]. Sentimos então que estamos com medo, que estamos sendo ameaçados por um perigo e que precisamos reagir. Isso pode acontecer de maneiras diferentes. Podemos fugir, atacar, procurar pessoas que nos ajudem e acalmem etc.[38] Emoções e

---

36. KAST, V. (1996, 2011). *Vom Sinn des Ärgers.* Friburgo: Herder Spektrum.

37. DAMASIO, A.R. (2000). *Ich fühle, also bin ich*, p. 384.

38. KAST, V. (1996, 2011). *Vom Sinn der Angst.* Friburgo: Herder.

sentimentos nos orientam nas interações com pessoas, com o mundo, mas também com nossas imaginações, com nosso mundo interior. Uma pessoa pode reagir com medo quando se depara com um homem alto e ruivo – mesmo que ele seja perfeitamente amável. Por quê? Quando criança, essa pessoa foi maltratada repetidas vezes por um homem alto e ruivo. Essa lembrança emocionalmente dolorosa se liga a essa experiência nova e impede justamente que a pessoa faça uma experiência nova, permitindo que as imagens antigas dominem a situação. Por outro lado, um homem idoso com barba grisalha pode nos parecer confiável, mesmo que não o seja, pois evoca a lembrança de um avô amável e confiável. Todos nós temos uma história de emoções, que é, ao mesmo tempo, uma história de relacionamentos, uma história de inúmeras interações entrelaçadas. É também a história da nossa alma – e para conscientizar-nos dela precisamos de tempo.

Ter tempo para a alegria

Como já dissemos acima, as emoções são parte do nosso equipamento básico biológico, o convívio com as emoções ao longo da vida é marcado pelo modo como lidamos com emoções na própria família, mas também na cultura em que crescemos. Vejamos, por exemplo, a alegria: Existem famílias que valorizam a alegria das crianças em suas diversas formas de manifestação – às vezes também barulhentas; outras famílias logo lembram as crianças de que, após a explosão de alegria, a decepção ou até mesmo a dor segue invariavelmente. Existem famílias nas quais se reúnem mais pessoas alegres; outras famílias não permitem a descontração, porque lhe falta a seriedade, e é aceitável apenas em crianças pequenas. Podemos verificar em nossa própria biografia como o controle da experiência da alegria mudou ao longo da vida. Talvez ainda nos lembramos de como, quando crianças, expressamos nossa alegria sem vergonha em gestos e movimentos físicos, em gritos e cânticos. E de como, ao longo da vida, passamos a refletir cada vez mais sobre como expressar alegria para não parecermos infantis aos olhos dos outros ou para não provocar inveja. E como expressamos essa alegria hoje? Falamos sobre a alegria de uma forma que nem mais permite experimentá-la e não contagia os outros? Assim, as outras pessoas que tiveram participação nessa alegria não são informadas de modo emocionalmente convincente que elas contribuíram para essa alegria. Mas não é só a outra pessoa que não percebe mais isso, nós mesmos não interiorizamos mais essa situação como um evento de alegria e assim não poderemos lembrar-nos dela mais tarde com a mesma intensidade. Quando nos alegramos e realmente nos conscientizamos dos sentimentos de alegria, estamos em harmonia conosco mesmos e com o mundo. A vida melhora, é mais bela do que esperamos quando nos alegramos – sentimos uma ligação com as outras pessoas, com a natureza, e isso nos transmite uma autoestima tão agradável que não precisamos mais refletir sobre ela. Fazemos parte: da vida, dos outros. O sentimento de alegria nos solidariza também com outras pessoas, nos torna mais amigáveis. Sentimo-nos seguros na vida. Quando nos lembramos de experiências que causaram alegria podemos recuperar essa alegria na imaginação, voltamos a ter as mesmas emoções e os mesmos sentimentos. Isso nos vivifica.

Mas para reviver esses sentimentos na memória, eles precisam ser percebidos na situação atual que causou essa alegria. Precisamos tomar tempo para eles. Assim, conferimos um valor especial a essas situações, elas significam algo, elas dão sentido à nossa vida.

O modo como lidamos com a alegria não é apenas resultado da nossa biografia, da nossa vida particular. Pois mais tarde, as amigas, os amigos, os parceiros, os chefes etc. também nos dizem se nossas risadas são altas demais. Nós nos adaptamos inconscientemente, porque não queremos passar vergonha, queremos fazer parte.

O modo como lidamos com a alegria é também uma questão da cultura em que vivemos. As culturas em que vivemos determinam não só nosso convívio com emoções, mas também a situação temporal atual. Existem momentos em que, por exemplo, as mulheres podem rir livremente; em outros, elas precisam se conter. Para os homens valem outras regras, a não ser que eles façam parte de uma classe social com outras regras de conduta.

Aquilo que eu expliquei no caso da alegria vale para todos os sentimentos. Pode ser problemático quando eles não são controlados – entendemos isso melhor nos casos do medo e da raiva do que no caso da alegria. Mas é igualmente problemático quando são controlados excessivamente, privando-os de sua função: Nesse caso, os sentimentos não podem ser usados como orientação e vistos no contexto de imagens interiores. Não permitem também ao outro entrar em um contato verdadeiramente vivo conosco. Tampouco permitem a nós mesmos entrarmos em contato com outras pessoas, com o mundo e com as coisas. Apenas quando nos alegramos verdadeiramente com algo, podemos ter a sensação de que aquilo realmente nos pertence, de que aquilo é parte da nossa vida e contribui para a nossa identidade. É, portanto, importante como lidamos com nossas emoções. Nosso modo de lidar com as emoções é decisivo para a nossa vivacidade.

A alma precisa de tempo 49

Repito: Emoções podem ser percebidas e representadas por meio de imaginações, mas podem também ser transformadas pela imaginação, sobretudo quando nós nos concentramos em nossas imaginações, ou seja, quando imaginamos algo ativamente. O que a maioria das imaginações tem em comum é que, num nível mediano de excitação – ou seja, quando não são excessivamente excitantes nem entediantes –, elas regulam os afetos por meio de imagens e suas transformações. As imaginações podem ser transformadas, tornando-as mais flexíveis. Esses processos são vivenciados, moldados e refletidos. Jung diz: "Na imaginação ativa, o material é produzido conscientemente, por isso é mais homogêneo do que em sonhos [...]: os valores sentimentais, por exemplo, estão contidos nelas, e podemos avaliar os processos com o sentimento. Muitas vezes, os próprios pacientes percebem que seu material deseja ser visualizado [...] ou eles estão sendo dominados por uma emoção que, se ela fosse capaz de adquirir uma forma, poderia ser compreendida [...], por isso, eles começam a desenhar, a pintar ou a representar suas imagens de forma plástica"[39].

Quando lidamos com emoções, precisamos moldá-las e entendê-las, principalmente em situações em que as pessoas sofrem com seus afetos, por exemplo, com seu medo, sua vergonha, ciúme etc. Quando nos concentramos no afeto, ele se transforma em uma imaginação mais ou menos clara[40], que pode ser representada, desenhada. Assim, as imaginações adquirem uma eficácia especial: Imagens internas se tornam visíveis no mundo externo, podemos falar sobre elas. Sua representa-

---

39. JUNG, C.G. *GW* 18/1, § 400.

40. Id. *GW* 8, § 167.

ção nos permite uma experiência de autoeficácia: Não somos mais entregues às emoções, elas podem ser reguladas, representadas e compreendidas. Assim, podemos vir a entender que o nosso medo em determinada situação é "inapropriado", porque ainda não processamos uma situação semelhante que foi dolorosa no passado, compreendemos que reagimos com um trauma biográfico. Assim o sentido se torna acessível à experiência – e este pode ser aceito ou refutado. O desenvolvimento de imaginações, sua representação criativa, tem um grande efeito sobre o processamento de problemas, mas também sobre o desenvolvimento do nosso lado criativo[41]. Tudo isso é trabalho espiritual – e este exige atenção e tempo.

A eficácia das imaginações

Imaginações transformam, provocam algo – também no mundo material e concreto. Nesse contexto, acho muito interessante o efeito placebo (*placebo*: eu agradarei), pois aqui podemos demonstrar um efeito da imaginação sobre a matéria, sobre o corpo.

A ciência conhece o efeito placebo há muito tempo, e ele é discutido com frequência. Hoje, os neurocientistas conseguem mostrar o efeito placebo no próprio cérebro com a ajuda de equipamentos modernos.

A força de imaginação humana, afirma Fabrizio Benedetti[42], pode "iniciar mecanismos semelhantes aos que são ativa-

---

41. O trabalho com imaginações por parte de Jung foi analisado cientificamente por Isabelle Meier. Ela conseguiu demonstrar que as imaginações melhoram padrões relacionais e permitem produzir mais emoções positivas, o que corresponde a uma ativação de recursos: MEIER, I. (2005). *Primärprozess, Emotionen und Beziehungsmuster in Tagträumen*. Berna: Lang.

42. BENEDETTI, F. (2007). "Wundermittel im Kopf". *Spiegel*, 26-27/06/2007, p. 137s.

A alma precisa de tempo 51

dos por remédios". A força de imaginação pode ter um efeito sobre o cérebro, ela pode provocar mudanças biológicas no corpo. Numa Tomografia por Emissão de Pósitrons (TEP), os pesquisadores viram que um placebo provoca a liberação semioquímica da dopamina no centro de recompensa (*nucleus accumbens*), chamado também de centro de expectativa. O centro de recompensa entra em ação quando antecipamos algo belo, quando esperamos algo positivo. A quantidade da dopamina liberada correspondia à intensidade da expectativa ligada ao efeito do medicamento.

O efeito placebo depende da nossa própria expectativa. Nós precisamos ser capazes de ativar imaginações ligadas à esperança, e não à resignação. (O condicionamento também poderia ter uma influência.)

Além das expectativas positivas existem também, é claro, os afetos de expectativa negativa. Nesse caso, falamos do "efeito nocebo" (*nocebo*: eu prejudicarei). Uma equipe de pesquisadores noruegueses liderada por Gunnhild Oftedal realizou um estudo sobre a influência de celulares sobre a dor de cabeça. Em 68% de todos os casos, as pessoas se queixavam de dores, independentemente de os celulares estarem ligados ou não. Os sintomas, acredita Oftedal, foram "provocados por expectativas negativas"[43].

O efeito placebo não ocorre em todas as pessoas (20-50%). Ainda não sabemos o que diferencia os sensitivos dos não sensitivos, tampouco sabemos por que alguns conseguem gerar uma postura de expectativa positiva; e outros, não. E o efeito placebo não funciona igualmente em todas as doenças. Seu

---

43. SCHNABEL, U. (2007). "Placebos – Die Medizin des Glaubens". *Zeit Online* 52, p. 43s.

efeito é melhor sobre doenças em que a psique exerce uma função importante, como, por exemplo, no caso de síndromes de cólon irritável, dores na coluna, dores em geral, mas menos no caso de câncer[44]. Existem, porém, estudos contraditórios.

O que importa é: A postura de expectativa é uma imaginação alimentada pela esperança. Imaginações podem ser alteradas e podem provocar alterações no cérebro. A psicoterapia também gera posturas de expectativa positiva, principalmente quando o terapeuta acredita em seu método e, por isso, consegue convencer também o seu paciente. E sabemos: Ao longo de uma psicoterapia, alteram-se estruturas (e não somente processos) no cérebro. E mesmo quando apenas conversamos, o cérebro pode sofrer mudanças. Nossas imaginações podem nos transformar e podem transformar também o mundo.

Efeitos recíprocos: nós influenciamos o mundo, o mundo nos influencia

Quando nos encontramos em ressonância, encontramo-nos emocional e dinamicamente em contato com o mundo e com o mundo interior. O que nós contamos uns aos outros, a maneira como descrevemos o mundo, o que narramos e representamos sempre diz respeito apenas a partes e às imaginações relacionadas a elas, e isso decide sobre o nosso futuro. Esse conceito é defendido hoje em dia sobretudo pelos construtivistas. Kenneth Gergen[45], um construtivista, compreende nossas histórias como interações dos seres humanos que remetem umas às outras. Para ele, cultura e natureza são algo

---

44. Ibid., p. 43s.

45. GERGEN, K.J. (2002). *Konstruierte Wirklichkeiten* – Eine Hinführung zum sozialen Konstruktivismus. Stuttgart: Kohlhammer.

que está dentro de nós, e nós estamos nelas. Por meio de nossas histórias, ideias e planos, ou seja, por meio de nossas imaginações, nós determinamos o avanço da natureza e da cultura, o futuro do mundo, e apoiamos ao mesmo tempo a solidariedade entre os seres humanos.

Quando contamos histórias sobre como tudo merece perecer, nós ressaltamos esse fim como possibilidade e influenciamos outros com isso. Assim aumentamos a probabilidade da destruição. Quando imaginamos um mundo em que as histórias são vistas como complicadas, e as emoções como "gasto de tempo", nós nos distanciamos cada vez mais dos nossos sentimentos e passamos a informar de forma cada vez mais fria. Quando criamos novos diagnósticos, essas doenças começam a aparecer. Quando criamos uma nova visão de recursos, aumenta a probabilidade de encontrarmos esses recursos. Quando reunimos histórias de sucesso, como o faz Harad Welzer[46] em seu Projeto Futurzwei, podemos esperar que as pessoas se sintam incentivadas a experimentar uma conduta diferente, mais ecológica, menos destrutiva – inspiradas por pessoas que já agem dessa forma e que contam suas biografias como histórias de sucesso. Por trás disso se esconde a esperança de que podemos transformar o mundo e que uma vida bem resolvida tem um efeito sobre as pessoas. Nesse sentido, Jung também era construtivista. Em sua palestra "Psicologia analítica e visão do mundo"[47] de 1927, Jung aplica aquilo que hoje chamamos de pesquisa de postura. Ele chama a postura diante do mundo de visão do mundo. A seu

---

46. WELZER, H. (2013). *Selbst denken* – Eine Anleitung zum Widerstand. Frankfurt a. Main: Fischer.

47. JUNG, C.G. (1927). "Analytische Psychologie und Weltanschauung" [Depois, 1931, in: "Seelenprobleme der Gegenwart". *GW* 8, § 696].

ver, esta tem uma influência não só sobre o mundo, mas também sobre aquele que mantém essa visão. "E com a imagem que o homem pensante cria do mundo ele transforma também a si mesmo"[48].

Nossas imaginações são muito importantes. Por meio de imaginações criativas criamos um mundo e uma autoimagem diferente daqueles criados por meio de emoções destrutivas. As imaginações, juntamente com as emoções, vivificam as pessoas. Precisamos de tempo para isso – mas a princípio a força de imaginação é um recurso acessível a todos.

A pergunta é: Em que mundo queremos viver? Num mundo cada vez mais rápido, que oferece cada vez mais? Ou queremos viver numa ressonância maior com o mundo e com os próximos? O que precisamos são ideias e metas positivas, que às vezes encontramos em sonhos, principalmente quando não perguntamos por que tivemos esses sonhos, mas o que esses sonhos querem de nós[49].

São interessantes nesse contexto as abordagens narrativas que encontramos na psicologia desde a década de 1980. Contar histórias, escrever histórias para tornar visível a própria identidade de forma que a vida faça sentido, não só em retrospectiva, mas também em vista de histórias que dizem respeito ao futuro. "Cartas do futuro", este é o título de um projeto do laboratório de histórias de vida da Universidade de Twente[50]. Os participantes são instruídos a imaginarem em todos os detalhes uma situação no futuro, em que ocor-

---

48. JUNG, C.G. *GW* 8, § 696.

49. KAST, V. (2006, 2012). *Träume*, p. 95ss.

50. SOOLS, A. & MOOREN, J.H. (2013). "Futuring in Psychotherapie und psychologischer Beratung, Instrument zur Förderung von Resilienz". *Psychotherapie im Dialog* (PiD), 1, p. 62-71.

A alma precisa de tempo

ra algo positivo. Então, eles escrevem uma carta no modo narrativo que descreve essa situação. Essas cartas surpreendem os escritores das cartas: Mesmo quando acreditam ter formulado objetivos conscientes, eles se deparam com objetivos surpreendentes. Essa escrita iniciou um processo criativo imprevisível nessas pessoas. Um balanço desse projeto é: A imaginação do futuro, "imaginar o futuro parece ter um efeito organizador e motivador"[51]. As narrativas podem mostrar também quais ideias podem ser vistas como satisfatórias para o futuro e fornecer ideias para mudanças no presente.

Imaginação e língua

As imaginações servem, portanto, também para expressar as emoções. Por meio da intuição, sem recorrer à língua, podemos entender o que se passa no mundo interior de uma pessoa – sobretudo em situações emocionalmente delicadas. A língua, porém, é "expressão de uma ação consciente"[52]. (Vou para casa, estou prestes a explodir...) A língua precisa de imaginações de atos e as ativa sempre também na outra pessoa, i.e., imaginações e sensações físicas ligadas a estas[53]. A língua estabelece um nível de relacionamento adicional: Palavras podem tocar.

Com o desenvolvimento da língua, a criança desenvolve um mundo interior próprio, por isso, a aquisição linguística é sempre vista no contexto de separação e individuação. Mas a língua permite também proximidade e intimidade. Trata-se

---

51. Ibid., p. 69.

52. BAUER, J. (2005). *Warum ich fühle, was du fühlst* – Intuitive Kommunikation und das Geheimnis der Spiegelneurone. Hamburgo: Hoffmann und Campe, p. 82s.

53. Ibid., p. 84.

de um sistema de símbolos, de significados compartilhados. A palavra como fenômeno de transição – nas palavras de Winnicott – é fornecida à criança pela pessoa de referência, mas a imaginação correspondente já existe no interior[54]. Nossos pensamentos, nossas imaginações são formulados e expressados na língua. Assim regulamos também as nossas emoções: "A língua é um instrumento extremamente eficaz da autorregulamentação"[55]. As crianças internalizam as palavras dos pais repetindo-as. Mais tarde, isso se transforma em uma fala interior. Essa fala interior é essencial para a autorregulamentação. Por exemplo: "Não diga não quando você quer dizer sim! Não exploda, exercite-se na longanimidade". Autorregulamentação é essencialmente o convívio com as emoções por meio da imaginação e da língua. As emoções são parte do equipamento básico biológico, mas podemos exercer uma influência considerável sobre elas. Em conjunto com as imaginações e a língua, elas exercem um efeito sobre os relacionamentos com os próximos, com o mundo e com o mundo interior. Níveis diferentes da experiência interagem – podemos experimentar coisas novas, processos emergentes em que algo novo surge e também processos criativos podem ocorrer.

A língua da alma na poesia

A linguagem condensada das poesias combina palavras do dia a dia de forma nova: Ela volta nosso olhar para dentro, revela desejos e revigora sentimentos recalcados. Ulla Hahn escreve: "A indústria de entretenimento desvia o olhar das

---

54. STERN, D.N. (1992). *Die Lebenserfahrung des Säuglings*. Stuttgart: Klett-Cotta, p. 244s.

55. SOLMS, M. & TURNBULL, O. (2010). *Das Gehirn und die innere Welt*. Patmos: Ostfildern, p. 295.

A alma precisa de tempo

pessoas, o volta para fora. Ela serve para distrair as pessoas. A poesia volta o olhar para dentro. Uma poesia exige uma pessoa concentrada. Ela se volta para dentro, se detém..."[56]

Um exemplo que mostra como a ressonância é gerada são os seguintes versos de uma poesia de Juan Ramon Jiménez[57]:

A plenitude de hoje é
O galho florescente de amanhã.
Minha alma devolverá ao mundo o mundo
Segundo a imagem da minha alma

Símbolos como fenômenos de ressonância

C.G. Jung, que se ocupou intensamente com o inconsciente e com suas manifestações em imaginações e símbolos, disse: "A imaginação é a atividade reprodutiva ou criativa do espírito, mas sem ser uma habilidade especial [...]. A fantasia como atividade imaginativa é para mim simplesmente a expressão imediata da atividade da vida psicológica, da energia psicológica, que é dada ao consciente apenas na forma de imagens ou conteúdos..."[58] A imaginação é, portanto, uma "atividade" essencial da alma.

Ela é reprodutiva: Podemos nos lembrar de experiências, e a nossa lembrança pode ser acessada na forma de imagens e de emoções; as experiências são revividas emocionalmente. Elas se vinculam a outras experiências, transformando-se assim elas mesmas em experiências.

---

56. HAHN, U. (2012). "Warum ich Gedichte schreibe". *Tagensanzeiger*, 10/12/2012, p. 25.

57. JIMÉNEZ, J.R. (1979). *Falter aus Licht* – Gedichte. Wiesbaden/Munique: Limes, p. 29 [Selecionados e traduzidos por E. Schönwies].

58. JUNG, C.G. (1960). "Definitionen". *GW* 6, § 869.

Mas a forma reprodutiva da imaginação não é simplesmente reprodutiva, ela é também criativa, se entendermos o ato criativo como uma associação de experiências que gere novos conhecimentos, também novas imagens etc. e que nos permitem contar novas histórias. A imaginação é criativa quando ela deixa de ser uma mera "representação" fiel de algo dado e acrescenta aspectos novos. Em sonhos, por exemplo, a imaginação é criativa[59]. O elemento criativo também se baseia em experiências, mas estas são orquestradas de maneira nova.

Quando recorremos a imaginações coletivas como narrativas, filmes etc., parecemos apenas reproduzir, mas podemos usá-las também de forma criativa, quando desenvolvemos fantasias e imaginações próprias, que são relevantes para a nossa própria vida.

Podemos ver este pensamento também no contexto de uma teoria da cultura. As imaginações religiosas, as ideias da humanidade num sentido bem geral e suas mudanças ao longo do tempo são expressões dessas imaginações, que sempre se ocuparam com as necessidades básicas existenciais. Necessidades básicas existenciais são a necessidade de fazer experiências de sentido, de fazer a experiência de uma vida bem-sucedida (felicidade, prazer), de ter relacionamentos e segurança, de pertencer a um grupo, de ter amizades. São a necessidade de autoeficácia e de uma autoestima satisfatória, da capacidade de se proteger. São a necessidade de desenvolvimento e motivação, da possibilidade de criar o futuro dentro de determinado espaço de manobra, de recursos, da capacidade de não permitir que circunstâncias difíceis nos destruam, mas nos desafiem.

---

59. KAST, V. (2006, 2012). *Träume* – Die geheimnisvolle Sprache des Unbewussten. Düsseldorf: Patmos.

3 Símbolos

Quando estamos em ressonância com o mundo, não só estamos conectados às coisas do mundo, elas também significam algo para nós e evocam imagens interiores, imaginações.

Imagens emocionalmente significativas podem ser experimentadas como símbolos. No símbolo, o mundo e a psique, o dentro e o fora se conectam. Símbolos são objetos do mundo perceptivo. Este, porém, é apenas seu aspecto mais aparente. Eles contêm referências a coisas mais profundas, a coisas ainda não reconhecidas, ainda inconscientes ou simplesmente esquecidas. Numa postura simbolizante nós expressamos que os mundos interior e exterior são dois aspectos da mesma experiência. Ao mesmo tempo, expressamos também que as coisas do mundo não existem apenas, mas que também significam algo, que elas provocam uma ressonância em nós que, às vezes, não entendemos de primeira. Podemos, por exemplo, estar à margem de um rio, podemos vê-lo, avaliar a velocidade de sua correnteza, seu grau de poluição etc. Mas o rio pode suscitar em nós também a pergunta se a nossa própria vida está em fluxo. Podemos desenvolver um desejo de ter uma vida "que flui" ou pensar melancolicamente na transitoriedade da vida. Em todos esses casos, adotamos uma postura simbolizante. Quando vemos o mundo num sentido simbólico, nós nos envolvemos emocionalmente e procuramos sentido. Não existe apenas o mundo exterior, existe também o mundo interior – e ambos interagem um com o outro. Isso se manifesta nas imagens imaginadas e nas emoções que estas suscitam. Estas, por sua vez, estão vinculadas a temas existenciais.

Essa ligação entre percepção e imaginação se reflete no conceito de símbolo de C.G. Jung: "Um conceito ou uma imagem são simbólicos quando significam mais do que aquilo que designam ou expressam. Eles possuem um aspecto 'inconsciente' abrangente, que jamais pode ser definido exatamente ou que jamais se esgota numa explicação"[60].

Esse aspecto inconsciente, o pano de fundo, pode ser muito misterioso: Ele é expressão da alteridade, do imensurável, que nos preenche com curiosidade e ansiedade, ou seja, com emoções fortes. São imagens estranhas, que nos elevam acima do cotidiano e ordinário, que nos fascinam e assustam. Elas sempre contêm algo que se encontra "além da nossa capacidade de compreensão"[61]. No símbolo, o mundo fala conosco, em tudo que já foi. Os símbolos abrem a história pessoal para a história da humanidade – entramos em ressonância também com a história da humanidade.

O nascimento de uma criança comove a maioria das pessoas. Algo de importância decisiva ocorreu no mundo familiar. Esse evento vem acompanhado de muitas emoções – e por isso o nascimento é celebrado. Dependendo do grau de parentesco, essa criança é vinculada à vida de uma pessoa – ela agora faz parte do seu círculo de vida. O nascimento da crian-

---

60. JUNG, C.G. (1961, 1981). "Symbole und Traumdeutung". *GW* 18/1, § 417.

61. Id. *GW* 15, § 118, p. 88.

ça pode ser experimentado também como símbolo: Ficamos pasmos diante do milagre do surgimento de algo novo, vivo. Admiramo-nos diante do milagre do ciclo da vida. Esses pensamentos podem remeter-nos ao mito da "criança divina"[62], que a nossa cultura celebra no Natal. Jesus é uma das crianças divinas. Mas também Dioniso, Krishna e outros representam esse círculo simbólico. Esse motivo arquetípico – um motivo que aparece repetidas vezes na história cultural da humanidade, mas que emerge muitas vezes também em sonhos e fantasias – inclui também um espaço materno com sua abundância e vivacidade que possibilita e gera essa vida. Faz parte desse motivo a criança divina, que foi gerada ou que nasceu de forma especial, e fazem parte também os demônios que ameaçam essa criança divina: No caso de Jesus, isso se expressa no assassinato de todos os meninos recém-nascidos ordenado por Herodes. Krishna é perseguido por uma ama com leite envenenado. Mas Krishna sabe disso, suga seu leite e o cospe. No fim, não é ele que morre, mas o demônio. Se a criança divina não fosse mais forte do que os demônios, ela não seria uma criança divina.

Esses mitologemas, que são traduzidos também para a linguagem do presente, preservando sua mensagem central, são recontados ou sonhados em determinadas situações de importância existencial. Eles ajudam a entender essa situação na vida e também a processá-la. Eles nos encorajam e nos dão a esperança de sobreviver a essa situação difícil, pois muitos já passaram por ela antes de nós. As experiências humanas são sempre nossas, são sempre individuais, mas são experiências que outras pessoas já fizeram e provavelmente ainda farão.

---

62. SCHWARZENAU, P. (1984). *Das göttliche Kind*. Stuttgart: Kreuz.

Pois esses problemas são problemas tipicamente humanos, adaptados à biografia pessoal e ao tempo em que vivemos. Essas histórias são modelos de como esses problemas foram resolvidos no passado e como as pessoas sobreviveram a eles.

As emoções ligadas ao mitologema da criança divina são a alegria, a esperança do devir, a coragem, a vontade de viver a despeito das adversidades juntamente com a confiança de que isso seja possível, ou seja, a esperança de um novo devir de modo imprevisível e feliz – a despeito de todos os obstáculos.

Esse mito nos diz entre outras coisas: Existe sempre a esperança de um novo devir, tudo pode mudar, tudo pode ser diferente do que imaginamos. Mas esse novo devir está sempre ameaçado pela morte. Muitas vezes temos uma ideia que nos anima e alegra e que devolve o vigor à nossa vida! Com o passar do tempo, porém, perdemos a coragem, o novo nos parece inseguro demais: Os demônios que pretendem destruir o novo venceram. Isso é triste.

No âmbito cultural cristão, o mito da criança divina está vinculado à Festa de Natal, a uma festa de alegria sobre o fato de que sempre existe um começo novo, que a esperança sempre volta a irromper.

No símbolo o mundo se expressa – com tudo que é e com tudo que já foi. No símbolo, a nossa própria história se encontra em ressonância com o mundo visível, mas também com as imagens e as experiências da humanidade. Símbolos culturais podem sempre ser interpretados de maneira nova – não é fácil decifrá-los. Símbolos são sobredeterminados, eles se encontram inseridos num contexto complexo de inter-relações, por isso, podemos nos ocupar sempre de novo com um símbolo e encontrar novos significados. No símbolo se expressa também o mundo que será.

Dependendo do contexto do símbolo, seu significado se altera, transparecem novas formas de significado, mas mudam também os contextos emocionais vinculados ao símbolo.

No sonho parecemos ser capazes de fazer muitas ligações diferentes, também contraditórias. No sonho, posso aparecer como uma mulher idosa e, ao mesmo tempo, na forma de uma menina – e eu "sei" que eu sou ambas. O sonho tem uma facilidade maior de fazer essas ligações do que quando estamos acordados. Ele é, de certo modo, mais criativo.

Os símbolos estão ligados à nossa lembrança, mas eles contêm também expectativas, como todos os processos imaginativos: Símbolos repetem o que vivenciamos, nossa história, aquilo que nos aconteceu (complexos), às vezes também experiências e conquistas da humanidade e aquilo que resulta em produtos culturais (arquétipos). Nos símbolos reconhecemos também as nossas possibilidades humanas: Na verdade, os símbolos são projeções de nossas possibilidades imaginárias no convívio com o mundo. Os arquétipos são os campos de significado, aos quais as nossas imaginações são inseridas para que possam ser compreendidas.

Mas os símbolos não repetem apenas, eles alteram também humores, sentimentos e comportamentos no sentido de um processo de autorregulamentação e assim nos permitem viver um novo sentido e novas emoções. Sobretudo, porém, eles permitem reconhecer as experiências vinculadas ao símbolo como significativas para a própria vida.

Uma das ideias centrais de Jung é que o ser humano moderno se alienou do "substrato mitopoético"[63] de seu ser, que lhe falta a conexão com os símbolos grandes, que ele

---

63. STORR, A. (1974). *C.G. Jung*. Munique: DTV, p. 48.

não é mais capaz de inventar histórias simbólicas sobre a sua vida – provavelmente, porque tudo acontece rápido demais. Por isso, diz Jung, falta ao homem a capacidade de perceber o significado da vida.

Compreender o mundo simbolicamente significa remeter uma experiência concreta a um pano de fundo. Assim, uma experiência concreta deixa de ser um mero fato, ela passa a significar algo. Ela remete a outras experiências relacionadas, mas também ao desconhecido, ao estranho. Uma percepção sensorial, a cor de uma flor, por exemplo, significa mais do que essa simples cor. Um humor depressivo pode ser visto como distúrbio físico, que precisa ser tratado com medicamentos. Mas ele pode ser visto ao mesmo tempo como expressão de uma problemática interior, de um problema da vida, que precisa ser tratado, pode ser visto como uma necessidade de desenvolvimento ignorada. Sob o ponto de vista simbólico, um distúrbio não significa apenas um mal-estar, ele tem um sentido, remete a uma necessidade de desenvolvimento. É assim que a psicoterapia psicodinâmica entende o símbolo. Por trás disso se esconde uma imagem específica do ser humano: O ser humano é visto como um ser que se encontra em um processo de desenvolvimento interior. Unilateralidades e desequilíbrios, imprescindíveis para o desenvolvimento, se manifestam por meio de distúrbios, e quando compreendemos esses distúrbios, podemos retomar o impulso de desenvolvimento. A própria vida se torna mais interessante, mais viva e mais significativa. As pessoas voltam a entrar em contato com suas necessidades básicas e vivenciam sentido. A pergunta pelo significado simbólico de um distúrbio faz com que as pessoas entrem em contato com sua biografia, mas também com sua *conditio humana* em geral. A pergunta diz respeito à própria identidade e ao desenvolvimento dessa identidade. Vale repetir: Não existem apenas fatos, eles também significam algo. Mas isso quer dizer também que a própria vida possui um significado e que ela é emocionalmente preciosa.

Viver com símbolos pode significar também vincular um símbolo que aparece num sonho a um símbolo que exerce um papel importante na memória cultural. A memória cultural das pessoas está repleta de figuras e representações simbólicas, que continuam sendo modernas: Basta lembrar aqui os mitos heroicos narrados na *Odisseia*.

Podemos citar também os diversos filmes sobre o tema *A Bela e a Fera*. Eles tematizam o Mito de Amor e Psique, uma variante dos contos de fada que falam de uma princesa que, aos poucos, desenvolve um afeto por um príncipe transformado em animal, que supera o seu medo e, no momento decisivo, liberta o animal de seu encanto, por exemplo, por meio de um beijo. Então a fera se transforma em um príncipe encantador. Sim, podemos achar isso um tanto brega, mas o fato de que esse tema é usado com tanta frequência para filmes e que esses filmes costumam ser vistos por muitas pessoas significa que esse tema fascina as pessoas. Se transferirmos essa história simbólica para um relacionamento entre duas pessoas, começamos a perguntar o que significa quando um belo príncipe é transformado em um animal feio e como esse animal poderia ser libertado de sua maldição. Mitos e contos de fada representam problemas típicos da vida em forma simbólica. E eles oferecem – também de forma simbólica – sugestões para resolver o problema. Se permitirmos que essas imagens e principalmente os processos simbólicos nos cativem emocionalmente – e nós fazemos isso quando percebemos uma ressonância na própria psique – então as imagens interiores são reavivadas, nós nos sentimos emocionalmente revigorados e intelectualmente desafiados. Um mundo inteiro se esconde nessas imagens, elas representam "uma câmara de tesouro da humanidade" (Jung). Relacionar-se com essas imagens, observar como elas agem em nossa psique, como a nossa psique se expressa nelas, perceber os impulsos criativos que resultam disso – isso exige tempo. Esse tipo de pensamento é contrário à nossa busca de eficiência, precisamos de tempo, ócio e uma sensibilidade para o fato de que a vida pode precisar também de momentos de inatividade e que ela não pode buscar apenas uma velocidade cada vez maior.

Vejamos o mito de Sísifo: Quantas pessoas que você conhece descreveriam seu trabalho como trabalho de Sísifo, quantas pessoas têm a impressão de que são obrigadas a empurrar uma pedra enorme o tempo todo sem jamais alcançar sua meta? E logo nos perguntamos: Sísifo não poderia simplesmente ter se negado a esse trabalho? Ele não deveria ter se negado? Será que os deuses ainda se interessam por ele e pelo castigo que lhe impuseram em algum momento? Ou será que precisamos vê-lo como um homem feliz, tão dedicado à sua tarefa?[64] Pois Sísifo representa também a ambivalência do *homo laborans*: dedicar-se completamente a uma tarefa é um sentimento muito bom. O problema desse mito passa então a ser apenas que essa vida não permite nenhum momento de ócio, aparentemente porque o esforço em si já é recompensador.

---

64. KAST, V. (2004). *Sisyphos* – Vom Festhalten und Loslassen. Stuttgart: Kreuz. • KAST, V. (2013). "Der Mythos von Sisyphos: Der andere Blick". In: LAMBE, A.; ABILGAARD, P. & OTTOMEYER, K. (orgs.) (2013). *Mit beiden Augen sehen*: Leid und Ressourcen in der Psychotherapie. Leben lernen. Stuttgart: Klett-Cotta.

A alma precisa de tempo

Mas não são apenas as imagens dos mitos, dos contos de fada, da literatura e das artes plásticas que nos levam para este mundo da fantasia e da mitopoesia. Podemos contemplar também experiências significativas do dia a dia sob o aspecto simbólico. Muitas vezes, nós o fazemos inconscientemente: Uma lua encoberta não é um mero fato, ela me faz lembrar uma canção de Matthias Claudius: "Vocês veem a lua ali no alto, vejo apenas uma metade, mas mesmo assim ela é linda e redonda..." Mesmo se você não conhecer essa canção, você pode fazer a experiência expressada nesses versos, se você tomar o tempo necessário para isso.

Se entendermos o mundo e as experiências também como símbolo, nós nos encontramos numa postura de ressonância. Estamos sintonizados com a pergunta referente àquilo que se expressa nele, mas também com perguntas referentes ao significado dessas experiências para a nossa própria vida, se elas nos ajudam a nos compreender melhor ou se elas nos oferecem segurança na vida.

Afastando-se do simbólico, aproximando-se do concreto

Este mundo simbólico está ameaçado hoje em dia? Será que a postura simbolizante e o ócio, a ocupação ativa com os mundos exterior e interior já são um modelo antiquado? Corremos o perigo de ser reduzidos ao concreto pela pós-modernidade? Será que tudo que importa é apenas a competição, o sucesso – o "mais", o "mais rápido", para não perder o contato com os outros?[65] Será que não podemos mais nos dar ao luxo de desenvolver fantasias, imaginações, visões que não servem ao sucesso?

---

65. ROSA, H. (2013). *Neue Verunsicherungen - alte Ängste?* [Palestra de 14 de abril de 2013 nas Linauer Psychotherapiewochen].

Somos levados a acreditar que sim. No jornal *NZZ am Sonntag* de 15 de julho de 2012, encontramos um artigo sobre o símbolo da sereia. Lemos: "Queridas crianças, queridos românticos, uma notícia triste nos alcança da América do Norte: Sereias não existem. Temos agora a confirmação oficial. A autoridade norte-americana para estudos marítimos e climáticos nos informou na semana passada de que não há quaisquer provas para a existência de 'humanoides aquáticos'". Essa informação havia sido provocada por um filme, um documentário fictício, que relatava a descoberta de uma sereia. As sereias povoam há séculos a fantasia humana. Basta pensar nas muitas histórias sobre sereias, elas existem em muitas culturas diferentes. O artigo termina com as palavras: "Ok, seus estraga-prazeres, é possível que 'humanoides aquáticos' realmente não existam. Mas estamos falando de sereias!"[66]

Por que considero esse artigo tão importante? Não transparece aqui a dúvida do mundo referente ao direito de existência do mundo da fantasia? Sim, o filme era tão realista que seu aspecto fantástico passou para o segundo plano. Quando levamos o mundo da fantasia a sério, nós lhe conferimos importância. As fantasias também são reais. Pelo menos o episódio foi levado tão a sério ao ponto de ser espalhado pelo mundo inteiro. O que "existe"? O que "não existe"? E se a ciência disser que sereias não existem, ela está certa? Será que o mundo interior realmente serve apenas para crianças e românticos? A alegação que se apoia no conhecimento científico segundo a qual "sereias" não existem é testemunho de uma ignorância tão grande em relação ao simbolismo, ao pensamento e à fala

---

66. FUGER, M. (2012). "Halt doch nur ein Märchen". *NZZ am Sonntag*, 15/07.

simbólica que temo por um público que permite a divulgação desse tipo de informações. A língua simbolizante é a língua da alma, a língua da poesia, da religião, a língua da significação, a língua da "alma do mundo".

A preocupação com a substituição da experiência interior simbólica por experiências sensoriais parece ser um *topos*, acredita Dornes[67]. Ele cita Simmel, que, já em 1900, em sua obra *Filosofia do dinheiro* alerta que "a falta de algo definitivo no centro da alma" impele o ser humano em direção a atividades externas, "seja uma mania de viajar, seja a caça selvagem da concorrência [...]"[68]. Ele não vê esses fenômenos como consequência da aceleração, como costumamos acreditar hoje em dia, mas como consequência da aparente falta de um centro da alma. Isso é interessante, pois Simmel escreveu isso no tempo em que surgiu a psicanálise. C.G. Jung apresentou uma teoria do *self*, que ele vê como arquétipo central, cujo princípio de autorregulamentação e autocentralização é de grande importância emocional. A partir desse princípio parte o impulso para a integração de participações psicológicas e para o desenvolvimento vitalício[69]. Esse *self* se evidencia em símbolos holísticos, como a esfera. Quando o *self* é vivenciado em sonhos, ele vem acompanhado de um sentimento da identidade e muitas vezes também de um sentimento de conexão com o mundo e da experiência de sentido: Trata-se, portanto,

---

67. DORNES, M. (2012). *Die Modernisierung der Seele* – Kind - Familia - Gesellschaft. Fischer Taschenbuch, p. 110ss.

68. SIMMEL, G. (2012). Apud DORNES, M. *Die Modernisierung der Seele*, p. 109.

69. JUNG, C.G. *GW* 8, § 870. • *GW* 16, § 219.

de um centro da alma, mas sempre vinculado aos próximos e ao mundo. Aparentemente, sempre houve uma concorrência entre os mundos exterior e interior.

Não se trata, portanto, de um fenômeno novo? Tampouco quanto o questionamento do *self*, um questionamento que parece típico da modernidade? O fato, porém, de as pessoas se voltarem tanto para o mundo exterior não significa que o mundo interior não existe. As diferentes formas da psicologia profunda, que, de certo modo, todas procuram um sentido de profundeza[70], uma vida interior desenvolvida, podem ser compreendidas como reação à concentração no mundo exterior já no início do século XX. O desenvolvimento dessas teorias pode ser visto como tentativa de não perder a "profundeza". Teorias refletem sempre também o espírito de um tempo específico. Na década de 1970, quando a psicologia profunda ainda era muito importante, Walter Benjamin lamentou que as pessoas já não eram mais capazes de transformar suas muitas vivências constantes em experiências[71]. Ele compreendia a experiência como vínculo com a própria história, como vínculo com padrões narrativos. Experiências precisam ser relacionadas ao passado e ao futuro individuais e coletivos. Experiências formam parte da identidade, são parte da biografia e não são esquecidas facilmente. Assim, as experiências se transformam em aspecto disponível da própria biografia. Segundo Benjamin, porém, esse processamento de vivências

---

70. VON ENGELHARDT, D. (2001). "Begriff und Aspekte der Tiefenpsychologie in historischer Sicht". In: CIERPKA, M. & BUCHHEIM, P. (orgs.) (2001). *Psychodynamische Konzepte*. Berlim/Heidelberg: Springer, p. 5-11.

71. BENJAMIN, W. (1974). "Charles Baudelaire – Ein Lyriker im Zeitalter des Hochkapitalismus". *Gesammelte Schriften*. Vol. 1. Frankfurt a. Main: Suhrkamp, p. 509-690 [org. de R. Tiedemann e H. Schweppenhäuser].

já não é mais possível num mundo em que um evento segue ao outro, sem interrupção. Para que essas vivências se transformem em experiências, em algo que possa definir a nossa biografia, à qual recorremos na idade, em algo que subsiste, precisamos de tempo. Nem cada vivência pode se transformar em experiência. Mas deveríamos tomar o tempo para que as vivências que nos tocam emocionalmente possam se transformar em experiência. E se não restar tempo para vivências que nos toquem emocionalmente – o que nos restará?

Muitos terapeutas lamentam que a vida das pessoas estaria se tornando cada vez mais "plana", porque o mundo passa a ser visto cada vez mais apenas como conjunto de fatos isolados, mas não em um contexto referencial, relegando assim o pensamento simbólico ao esquecimento. Isso se manifesta num pensamento concretista, por exemplo, quando recorremos rapidamente a uma pílula para resolver um problema. Podemos identificar também uma perda de conhecimento cultural. O conhecimento de histórias da literatura mundial tem diminuído, até mesmo em pessoas que têm formação em psicoterapia, que trabalham com símbolos, também com símbolos culturais. Isso é lamentável, pois essas histórias são um aspecto importante da consciência cultural do ser humano e em ressonância com elas as pessoas podem encontrar imaginações e conhecimentos que lhes ajudam a lidar com situações existenciais comparáveis. As soluções dessas histórias mitológicas não podem simplesmente ser copiadas, mas elas podem ajudar a abrir mão de imaginações fixas, que nos bloqueiam, e a inseri-las em um contexto novo. Isso permite que as pessoas voltem a ter uma abordagem criativa à vida.

O corpo como símbolo

No lugar da interioridade, da "alma bela", buscamos hoje a boa forma do corpo lindo. A estética encontrou um novo espaço. A princípio, não há nada de errado no fato de o ser humano se alegrar com seu corpo, de buscar a competência e o embelezamento físico. O nosso corpo nos transmite a certeza de que existimos nessa forma especial, semelhante aos corpos de todos os outros seres humanos, mas mesmo assim com características individuais, com uma história própria no passado e também no futuro. Com nosso corpo, e o cérebro faz parte dele, vivemos, experimentamos e entramos em contato com outras pessoas e com o mundo. Esse encontro ocorre num nível físico. Mesmo quando encontramos pessoas no ciberespaço, entra em jogo uma noção de corpo. Mas precisamos lembrar: no ciberespaço jamais saberemos se gostamos do "cheiro" de uma pessoa – uma condição importante para um relacionamento bem-sucedido. Os sentidos – com exceção da visão – exercem um papel inferior, e por isso é importante defender os sentidos "antigos".

A base do nosso senso de identidade é a percepção do nosso corpo e o nosso relacionamento variável com o nosso corpo. Evidentemente, ele muda o tempo todo, em termos puramente biológicos, as células do nosso corpo são substituídas constantemente – mas seguindo sempre o mesmo plano. E nós podemos nos lembrar de sensações físicas, de um lado, porque voltamos a experimentá-las em determinadas situações, por exemplo, quando dançamos; por outro também, justamente porque não podemos vivenciá-los de novo da mesma forma. Mudanças no nosso senso de identidade partem muitas vezes da percepção do nosso corpo. Não devemos nos esquecer: O corpo é o lugar em que nos conscientizamos do nosso bem-estar e em que também o expressamos. O corpo é o lugar onde as emoções se tornam acessíveis à experiência, o corpo é o lugar das nossas alegrias e dos nossos sofrimentos, da nossa dor, do nosso envelhecimento, da nossa morte futura.

Aparentemente estamos nos retirando para o corpo como lugar em que a identidade se manifesta. O corpo se apresenta como algo confiável em um mundo pouco confiável. A criatividade é aplicada no corpo. Uma fortaleza da identidade é preservada visivelmente.

Mas isso não é tudo. Em seu artigo "Der vermessene Mensch" [As medidas do ser humano][72], Thomas Widmer afirma que o ser humano desde sempre se observou minuciosamente e que os resultados dessas observações foram documentados em diários e jornais de tempos passados. O que ele considera um fenômeno novo é a obsessão com que o ser humano do século XXI se observa, concentrando-se fortemente no corpo. Essas observações são compartilhadas com outras pessoas pela internet, que nos dá um *feedback* imediato. "A percepção do corpo é substituída pelo protocolo do corpo. O ser humano dá um passo para trás e se observa como se fosse um objeto estranho." O contexto disso é a exigência de um grande aprimoramento próprio e culmina no pensamento de que uma pessoa doente é responsável pela sua doença. A doença não é mais vista como destino, mas como consequência de um estilo de vida irresponsável, que poderia ter sido evitada. A ideia por trás disso é que o ser humano poderia fazer tudo certo – sem qualquer sombra. No entanto, essa é uma ideia dura, rigorosa e fria. Essa postura é

---

72. WIDMER, T. (2013). "Digital – Mit Apps protokollieren immer mehr Leute besessen ihre Körperdaten: Der vermessene Mensch". *Tages-Anzeiger*, 02/05, p. 9.

unilateral. Como envelhecer com essa postura e aproximar-se da morte? Será que tentamos enganar a própria mortalidade dessa forma?

Trabalhamos e nos aprimoramos de forma concretista. E esse belo corpo trabalhado serve evidentemente também como símbolo: Não é apenas um corpo lindo, ele representa também muitas coisas, entre outras, o triunfo da vontade sobre a natureza. Talvez Dornes esteja certo ao lembrar os terapeutas, que constatam no ser humano moderno uma falta de capacidade simbolizante, que isso não é verdade[73], que o corpo e sua figuração podem servir como símbolo de toda a identidade. A meu ver, porém, essa figuração não é um símbolo, pois ela não remete a algo mais profundo. Creio que seja um signo: É assim que quero ser visto no momento, é assim que eu sou. A pergunta referente ao significado dessa figuração e encenação contido no símbolo não é suscitada. "Eu sou a minha aparência" – a transformação criativa que parte do símbolo não ocorre aqui.

Quando lamentamos a perda da capacidade de simbolização, a perda da relação com os símbolos, expressamos que o que falta é um processo de reflexão sobre o símbolo e a experiência da realidade também na forma simbólica. Isso geraria também uma ligação entre os símbolos do mundo exterior e do mundo interior e a percepção emocional seria incentivada. Nós nos conectaríamos com as coisas do mundo, acima de tudo, porém, incentivaríamos o processo da imaginação, criaríamos imaginações. Mas é justamente isso que não ocorre: Quando moldamos, quando "medimos" o corpo, interessamo-nos apenas por fatos comparáveis, e estes são vistos como

---

73. DORNES, M. (2012). *Die Modernisierung der Seele*, p. 107ss.

identidade. É claro que a identidade precisa ser externamente visível – isso faz parte da natureza da identidade. Mas a identidade precisa incluir também uma dimensão experiencial, uma percepção interior. Caso contrário, passo a ser como os outros me veem. Nesse caso, preciso ser vistoso e permanecer vistoso – ou eu perco meu direito de existência. Esta é uma perspectiva ruim, não só para a idade mais avançada!

4  A imaginação obstruída

Na imaginação, que sempre está em movimento e que sempre remete também ao futuro, a alma se mostra em sua vivacidade. Mas a imaginação pode também ser obstruída, transformar-se em imagens fixas, que não animam mais.

A imaginação como *fast-food*

Não só pessoas individuais têm imaginações. Temos imaginações específicas em cada situação temporal. Além disso, temos um grande tesouro de imaginações acumulado pelas pessoas ao longo de séculos, uma memória cultural. Aquilo que as pessoas criaram exerce uma influência sobre nossas imaginações e, portanto, também sobre nossos relacionamentos. Não se trata simplesmente de repetir aquilo que nossos precursores criaram, pensaram ou moldaram. Nós precisamos estabelecer um vínculo pessoal com esses produtos culturais, entrar em ressonância com eles, para que disso surjam ideias pelo menos um pouco alteradas que possam fazer parte do nosso próprio tesouro de experiências.

A fantasia humana deixava e deixa seus rastros em tudo que foi escrito, em representações, romances, filmes, em narrativas em geral, na ciência e na arte. Aquilo que comove as pessoas pode, quando consegue ser visualizado, incitar a força

A alma precisa de tempo

de imaginação de outras pessoas. A invenção da prensa móvel mudou a vida de forma extraordinária. Com os muitos livros, propagaram-se também muitas imaginações possíveis sobre como a vida pode ser ou também sobre como ela deveria ser. Essas imaginações podem se tornar normativas. Isso se evidenciou de forma clara no romance de amor dos séculos XVIII e XIX: Estes romances – *Os sofrimentos do jovem Werther*, de Goethe, por exemplo – criaram verdadeiros códigos de como se deveria amar e quais os sentimentos que deveriam ser experimentados no amor. Ou seja: Esses padrões de imaginação projetaram a própria vida sobre o futuro. É claro que isso também foi criticado[74]. Em tempos mais recentes, Eva Illouz aplicou esses códigos à questão do amor. Ela observa que isso gera também alguns problemas. "Muitas obras [criticavam] o caráter socialmente destrutivo do romance, seu potencial de provocar expectativas sentimentais e sociais perigosas em seus leitores, ou seja, sentimentos de antecipação"[75]. Os críticos afirmavam que esses romances corrompiam os leitores, que eles os corrompiam no sentido de gerar expectativas "irrealistas" à vida real – como diziam ainda na nossa juventude. As pessoas sabiam que existia um abismo entre a fantasia idealizadora e a realização dessa fantasia, que existia o perigo da decepção.

Esse perigo de sofrer uma decepção existe de fato, quando a imaginação pré-fabricada e em conjunto com determinados sentimentos se torna a única grandeza orientadora para a expectativa. Poderíamos, porém, revidar que normalmente não lemos apenas um único romance, mas muitos, ou

---

74. VON MATT, P. (1989). *Liebesverrat* – Die Treulosen in der Literatur. Munique/Viena: Hanser, p. 213.

75. ILLOUZ, E. (2011). *Warum Liebe weh tut.* Berlim: Suhrkamp, p. 367.

seja, que costumamos conhecer não só um único "padrão de amor", mas vários diferentes e que, em nossa imaginação, experimentamos muitos esboços de vida diferentes – dos quais podemos escolher aquele que mais se conforma à nossa situação. Aquilo que aparenta ser uma imaginação prescrita e predeterminada, poderia ser visto também como oportunidade de escolha. Mas isso apenas quando os códigos provocam fantasias próprias, quando desenvolvemos imaginações próprias em ressonância com esses códigos, quando os próprios desejos adotam uma forma concreta e incentivam a vivacidade psicológica. Além disso, vale lembrar: Os padrões básicos desses códigos são transmitidos há séculos por meio de mitos e contos de fada, por meio das histórias das pessoas e da humanidade, por meio da literatura e do inconsciente e tesouro culturais. Claro, poderíamos alegar também que este é o motivo pelo qual as mulheres ainda acreditam que seu príncipe virá algum dia e pelo qual os homens continuam a querer bancar o herói. Se não houver um processamento consciente dessas pré-imagens, as pessoas correm realmente o perigo de ceder a elas, porque elas costumam explicar situações da vida rapidamente e rapidamente nos transmitem a sensação de orientação e de controle sobre a situação. Mesmo assim: Se lembrarmos que essas histórias, que as pessoas contam umas às outras, contêm apenas alguns poucos padrões básicos, podemos supor que elas podem nos ajudar a nos orientar. Mas quando esses códigos são vistos como instrução para uma vida boa, talvez até como definição de uma vida boa, então precisamos nos lembrar que, nesse caso, deixamos de viver a nossa própria vida e passamos a viver uma conserva, um "prato pronto". Só é possível estar em ressonância com outras pessoas quando interagimos imaginativamente e, na base disso, desenvolvemos um eu relacional dinâmico. Mas nessa situação isso se torna impossível. Deixamos também de contar uns aos outros histórias verdadeiras. Em troca, acreditamos ter poupado muito tempo.

Adorno acreditava que a sociedade burguesa moderna usa a força da imaginação de forma "ordenada, institucionalizada e comercializada"[76]. Assim, ela desperta desejos que alimentam o ciclo do consumo. Evidentemente existem muitos objetos que devem sua existência à força de imaginação: Nenhuma invenção teria sido feita sem a força de imaginação. Adorno deve ter pensado em outra coisa quando disse isso, não deve ter pensado na invenção, no emprego criativo da força da imaginação, mas em seu substituto: Estou à procura de algo indefinido, e o mundo de consumo me leva a acreditar que o sentimento que desejo ter possa ser satisfeito com a compra de determinado carro ou de alguma marca especial de champanha. Segundo Illouz, isso leva a uma "colonização do futuro". Decisões do presente são tomadas em vista da imagem que criamos do futuro. Elas fixam esse futuro e o moldam[77]. Talvez esse problema se evidencie ainda mais no amor: Essas concepções corriqueiras, quando elas seguem ao padrão econômico, poderiam ser a razão pela qual os relacionamentos amorosos são concebidos cada vez mais como relações comerciais. Procura-se uma pessoa com a qual se possa estabelecer uma grande proximidade e com a qual se queira

---

76. Ibid., p. 358.

77. Ibid., p. 371. Illouz demonstra esse problema na experiência do amor: Temos uma noção exata de como o amor deve se manifestar, como deve ser o parceiro, quais sentimentos devem ser vivenciados num relacionamento amoroso bom, por isso, uma decepção latente domina o relacionamento atual. Ele não corresponde à imaginação. Isso pode fazer com que um relacionamento seja vivido na fantasia (p. 368ss.).

passar a vida. As expressões usadas para expressar a procura poderiam ser usadas também para um objeto: "Procura-se um modelo forte sem danos na pintura [...]".

O envolvimento emocional no amor, o processo de decisão em prol ou contra o relacionamento, o desenvolvimento recíproco do desenvolvimento, o processo interior (importante especialmente em situações difíceis) são reduzidos a: Corresponde ao código ou não corresponde ao código. E quando, com o passar do tempo, uma pessoa deixa de corresponder ao código, ela é substituída. Trata-se do tema de um envolvimento real – também com todas as emoções –, o que está em jogo é a confiabilidade, a duração. Não se trata de uma comparação entre expectativa e realização. No pior dos casos, não nos envolvemos com a outra pessoa de todo coração. Isso seria uma consequência de como experimentamos o tempo na Pós-modernidade? Seria uma consequência da falta de ressonância? E: O que as pessoas fazem com seu desejo de segurança?

Sem dúvida existem imaginações que antecipam o futuro, que determinam o futuro em grande medida, não só no que diz respeito à imaginação de esboços de vida, mas também no que diz respeito à emoção que os acompanha: A adoção inconsciente desses códigos é gerada por um sentimento supostamente positivo de autoestima: "Todos" fazem isso, portanto, deve ser bom. Para poder pensar dessa forma, precisamos que as imagens externas, a propaganda e as pessoas que realizam esses códigos confirmem o nosso esboço de vida. Assim, geramos uma autoestima positiva, pelo menos temporariamente. Nesse sentido, a vida de hoje é bastante generosa: Existem muitos esboços de vida diferentes, que são socialmente aceitos e que transmitem aceitação social e reconhecimento – a pergunta é se essa ainda é a nossa própria vida.

A "gente" e a determinação alheia

A percepção de falta de tempo, juntamente com a economização e a perda do senso de que a ressonância entre os mundos internos e externos permitem uma boa qualidade de vida, faz com que nós, no relacionamento com outras pessoas e com o mundo, reajamos dentro de imaginações predeterminadas, que perderam sua função simbólica e agora só funcionam como códigos. Nós podemos até acreditar que estamos conectados com o mundo; mas, na verdade, não estamos. Não estamos mais vivendo a nossa própria vida, mas nos adaptamos àquilo que está na moda no momento.

Martin Heidegger tratou do problema dessa adaptação e determinação alheia já em sua obra *Ser e tempo*[78]. Ele explica que, no "ser-si-mesmo cotidiano", outras pessoas determinam como nós vivemos. Não se trata de outras pessoas específicas, trata-se de todos os outros, cuja totalidade ele chama de "gente" (*Man*). Sem chamar atenção, essa "gente" desdobra sua ditadura: Pensamos como se deve pensar, nós nos vestimos como se deve vestir no momento, desfrutamos da vida como a vida deve ser desfrutada em sua opinião, falamos sobre problemas sobre os quais todos falam no momento, avaliamos problemas (também problemas importantes) como todos o fazem. Essa "gente" nos alivia de muitas decisões e, aparentemente, isso é um grande alívio para a vida. Percebemos a ação dessa "gente" quando nos recusamos a nos submeter a essas regras. Nesse caso, nós nos "excluímos", deixamos de fazer parte, talvez nem queiramos mais fazer parte. Apenas quando começamos a viver em conflito com essa "gente",

---

78. HEIDEGGER, M. (1963, 1927). *Sein und Zeit.* Tübingen: Max Niemeyer, § 27.

porque "aquilo" deixou de nos parecer certo, começamos a prestar atenção nessa ditadura secreta, percebemos que tomamos uma decisão, que precisamos resolver um problema de identidade, que deixamos de agir com espontaneidade, que precisamos refletir sobre isso. Isso revela também o que essa "gente" de Martin Heidegger faz conosco: Convivemos numa mediocridade aceitada, as decisões, mas também a percepção do mundo, foram "aplainadas", tudo já está resolvido de alguma forma, mas não é percebido de forma consciente. Tudo que se destaca não se encaixa.

Essa "gente" é perigosa porque é também um produto de hábitos, preconceitos e de uma mente fechada. Racismo e sexismo também já foram parte dessa "gente" – e provavelmente ainda o são. E também a ideia de confiar simplesmente no sistema financeiro, nos bancos, na economia liberal é uma convicção coletiva, pela qual ninguém assume responsabilidade. Pois este é o problema: A "gente" determina e decide muito, mas ninguém é responsável. Por isso, é importante estarmos atentos a essas convicções pré-fabricadas, que nem percebemos como tais. Elas são vistas apenas por aqueles que não concordam com essa "gente". Quando alguém não quer aceitar o fato de que poucas pessoas acumulam tanto dinheiro enquanto muitas outras passam fome, essa pessoa não acreditará que o bem-estar financeiro é a única coisa que conta. Talvez essa pessoa tentará protestar e talvez participará do movimento Occupy Wallstreet. Pois sempre que essa "gente" se intromete de forma determinante na conduta, também na conduta da política, alguns aspectos da vida são excluídos[79]. E nós podemos então reintroduzi-los e iniciar no-

---

79. KAST, V. (1999, 2012). *Der Schatten in uns* – Die subversive Lebenskraft. Düsseldorf/Zurique: Walter bei Patmos, p. 48ss.

A alma precisa de tempo

vas discussões ou até mesmo conflitos sérios, que farão com que voltemos a refletir e questionar algumas dessas "gentes", para então chegar a um acordo sobre os valores que devemos defender em nossas vidas. Mas mesmo aquele que se revolta pode, mais tarde, voltar a se submeter a uma "gente".

Resumo: Não podemos escapar dessa "gente". Mas podemos insistir na importância do "ser-si-mesmo", defender o nosso direito de viver a nossa própria vida. Assim, nos manifestamos como pessoas que acreditam num núcleo do *self*, no valor de viver em harmonia com essa profundidade interior, que acreditam que essa paz interior, que esse sentimento de uma vida cheia de sentido existe. Mesmo assim: Vivemos no mundo, e nele existe a "gente", a mediocridade. Só não devemos acreditar que essa mediocridade seja o auge da individualidade. Devemos sempre nos perguntar: Será que aquilo que eu faço realmente corresponde aos meus desejos, aos meus sentimentos, aos meus anseios? Ou será que estou tentando ser, pensar e agir como todos os outros? Para que eles gostem de mim? E quando eu ajo assim, eu tenho consciência do quanto estou cedendo à necessidade de fazer parte? Para Heidegger, a questão não era livrar-se da "gente", pois isso é impossível, mas de buscar o "ser-si-mesmo" como "modificação existencial da gente"[80].

Evidentemente, cada vida é e sempre foi determinada por imaginações pré-fabricadas. Estamos lidando aqui com uma nova manifestação de um problema antigo, que surge no contexto da economização geral e, portanto, também da aceleração. E também a sensação de que hoje todos estão sempre pressionados, sempre correndo, é uma dessas imaginações pré-fabricadas e coletivamente aceitas.

---

80. HEIDEGGER, M. (1963, 1927). *Sein und Zeit*, § 27, p. 130.

Essa "gente", essas imaginações pré-fabricadas são problemáticas porque a própria vida com suas experiências existenciais acaba ficando para trás. Não é a vida própria que vivemos, mas a vida "dos outros", uma vida mediana dos outros. Isso pode ser uma das razões pelas quais cada vez mais pessoas sofrem de distúrbios depressivos.

Ao analisar os códigos, Illouz chama atenção principalmente para a decepção latente com o amor, que disso resulta; esta pode ser compreendida também como decepção latente com a vida[81]. Por mais que nos esforcemos, a vida não gera os sentimentos, não nos permite experimentar os sentimentos que as imaginações pré-fabricadas nos prometeram.

Como, então, podemos nos proteger dessa decepção? Voltar sempre de novo para os próprios sentimentos, para os próprios desejos, para as próprias imaginações! O que importa não é o futuro colonizado, mas as imaginações, as imagens que representem um futuro que talvez não seja o futuro dos outros, mas que tenha um fundamento emocional. Quando compartilhamos essas imaginações, os outros podem não aceitá-las, mas elas farão com que nossa interação se torne mais autêntica. Precisamos estar em ressonância com o mundo e com o mundo interior, também com as pessoas com as quais desejamos ter intimidade. E para isso precisamos de tempo – de muito tempo.

Sentir emoções, falar sobre emoções

Em decorrência também da psicanálise e da psicologia profunda, as pessoas têm aprendido a falar sobre seus sentimentos. Illouz demonstra isso em muitas entrevistas realizadas por

---

81. ILLOUZ, E. (2011). *Warum Liebe weh tut*, p. 387ss.

ela[82]. Existem vantagens em saber falar sobre os sentimentos: Pessoas, por exemplo, que se encontram numa situação de relacionamento difícil, conseguem comunicar os seus sentimentos e assim se sentem menos impotentes, não estão entregues aos sentimentos. No entanto, dessa forma as emoções podem ser transformadas em palavras de emoção, de forma que a vivacidade se perde novamente. Eu posso comunicar a alguém sem qualquer emoção que estou muito irritado. Mas o que o recipiente dessas palavras deve acreditar? A raiva, que é expressada, mas que evidentemente não é vivenciável no convívio? Os sentimentos são transformados em objetos como coisas[83]. Em termos psicodinâmicos, trata-se do controle das emoções por meio da intelectualização. Esse processo priva as emoções de sua função de nos orientar no dia a dia e de comunicar aos outros como nos sentimos. Fazem parte dos mecanismos de defesa e dos mecanismos de processamento das emoções também algumas regras linguísticas que podem desligar as emoções e os sentimentos de uma situação específica, também de uma situação relacional. Por exemplo, podemos dizer: "Sinto que..." mas sem sentir algo realmente, mesmo assim, não temos como questionar a declaração. Chegamos a um acordo segundo o qual essas declarações devem ser aceitas. Os sentimentos não precisam ser justificados, e muitas vezes nem podem ser justificados. O problema é que esses sentimentos não são sentidos de verdade, trata-se de uma mera designação de estados sentimentais que não apresentam qualquer vínculo com a vivência.

---

82. ILLOUZ, E. (2006, 2007). *Gefühle in Zeiten des Kapitalismus*. Frankfurt a. Main: STW, p. 55.

83. Ibid., p. 55.

Existem também expressões corriqueiras para emoções, que são usadas por muitos e que dispensam a necessidade de se perguntar como um sentimento deveria ser descrito de forma autêntica: "Puro arrepio" se transformou em um conceito emocional que, na Alemanha após a Olimpíada de 2012, se transformou em verdadeira epidemia. Será que realmente sabemos como é sentir um "arrepio puro"?

As pessoas aprenderam a falar sobre os sentimentos. Existe uma linguagem específica para falar sobre eles. O perigo é que acabamos descrevendo sentimentos que deveríamos ter em determinada situação, mas não os sentimentos que temos de fato.

Uma mulher é repreendida de forma um tanto bruta por um homem por ter se comportado de forma caprichosa. A reação dela: "Sou-lhe grata por você me dizer isso abertamente, assim posso me mudar". O fato de ela ter se sentido magoada e ter sentido raiva não se expressa em suas palavras. Possivelmente, ela nem se deu conta desses sentimentos. Ela teria percebido sua emoção verdadeira se tivesse prestado atenção em seu corpo. Mas ela disse o que se espera de uma mulher em determinados círculos quando ela é criticada.

Outra dificuldade pode resultar quando nos distanciamos dos nossos sentimentos ao identificá-los rápido demais. Nós refletimos sobre eles, mas não os sentimos. No entanto, valeria preservar as emoções e os sentimentos como sistema de orientação basal. Deveríamos não refletir sobre como expressar nossa irritação da forma mais justa possível, mas simplesmente dizer: Estou irritado. Sinto minha irritação, também a minha força, eu paro por um instante para então refletir sobre a minha intervenção verbal. Essa reação seria uma reação da ressonância, de uma conexão com a própria vivacidade.

Precisamos de tempo para parar por um instante: não horas ou dias, mas o bastante para perceber, para levar a sério a reação interior ao relacionamento com outras pessoas e com o mundo. A verbalização dos sentimentos é uma contribuição importante para o relacionamento – mas vale aqui o mesmo que vale também para a imaginação: Essa verbalização pode fazer com que as pessoas deixem de ter um contato imediato uns com os outros, substituindo-o por emoções pré-fabricadas. Assim, os relacionamentos, mas também o mundo interior, perdem parte de sua energia.

Quando não paramos, quando recorremos a emoções pré--fabricadas, corremos o perigo de perder o "espaço interior", de perder a capacidade de lidar interiormente com uma situação que nos afeta emocionalmente até encontrarmos uma solução adequada para o problema emocional. Pessoas que não conseguem verbalizar as emoções tendem a partir diretamente para a agressão. Elas se irritam, não sabem lidar com sua irritação e procuram alguém em quem podem descarregar sua irritação.

A identificação de uma emoção pode ajudar a se distanciar de uma emoção forte demais. Assim, ela se transforma em objeto que pode ser observado, para então ser reintroduzida aos poucos ao mundo interior. Se não fizermos isto, se ela não é compreendida como reação a uma situação de importância existencial, se a fala sobre ela se esgotar em frases vazias, passamos a nos alienar de uma emoção. Perdemos assim a oportunidade de usá-la: Algo que pertence ao mundo interior é lançado no mundo exterior da comunicação, e é justamente isso que impossibilita um diálogo verdadeiro. Do ponto de vista psicodinâmico, isso só ocorre quando a emoção é realmente eliminada desse processo de designação.

Pois uma convicção fundamental das terapias psicodinâmicas afirma que algo pode ser compreendido quando conseguimos designá-lo, e ainda mais quando conseguimos expressá-lo na escrita. Assim, conseguimos bani-lo. Podemos refletir sobre uma emoção banida de forma muito mais eficiente do que sobre uma emoção que ainda não pôde ser verbalizada, que ainda é experimentada no corpo. Mas a designação não pode eliminar a emoção. E escrever sobre as emoções também faz sentido: Tudo passa, mas as palavras no papel dão testemunho do fato de que aquilo realmente aconteceu, que já pertence ao passado, mas que ainda está presente, pois está escrito naquela folha de papel, aquilo foi designado e agora podemos refletir sobre isso. Na psicologia profunda, o inconsciente não é apenas verbalizado, mas também representado em imagens. Especialmente quando acreditamos na importância das emoções, a questão não se limita a encontrar palavras para as emoções e assim talvez transformá-las em frases vazias, mas é também importante conectar as emoções com imaginações. Para Jung era importante acrescentar ao pensamento linguístico o pensamento da fantasia, que se expressa em imaginações, na poesia, na arte, nas religiões[84]. Não se trata de códigos, mas de símbolos vivos: trata-se aqui de uma comunicação viva e animada.

A obstrução da imaginação de dentro: complexos

A vivacidade e a troca vivaz com outros podem ser impedidas também por razões intrapsicológicas, e pelas mesmas razões o futuro pode ser colonizado pelo passado. Os episódios de complexo determinam em grande medida as imagens do

---

84. JUNG, C.G. "Symbole der Wandlung". *GW* 5, § 36ss.

A alma precisa de tempo 89

futuro e os padrões arquetípicos fundamentais relacionados a elas. O mundo imaginário interior é sempre também uma representação do mundo exterior. Experiências feitas no mundo exterior transformam nosso mundo imaginário interior. Quando nos sentimos ameaçados e impotentes no mundo exterior, sentimos medo. Esse nos impede de desenvolvermos fantasias criativas. Desenvolvemos fantasias de medo, que, no sentido de uma retroação, nos amedrontam ainda mais, nossas imaginações se tornam ainda mais limitadas. Não se trata, portanto, de imaginações criativas, mas de cenários de medo limitadores.

Uma mulher, com mais ou menos 35 anos de idade, se sente estressada, pressionada. Ela trabalha numa profissão artesanal criativa, e, apesar das muitas ideias que tem, ela não consegue realizá-las, porque "deveria estar pronta antes mesmo de começar". Então, ela se sente "muito nervosa", ela descarta ideias antes de desenvolvê-las e é tomada por um grande medo de nunca mais conseguir realizar algo. Ela vive momentos de "sucesso" quando consegue esboçar suas ideias numa folha de papel, que então são executadas por uma colega, que recebe todo reconhecimento pelo trabalho.

Por trás desse bloqueio, que causava um grande medo nessa mulher, conseguimos encontrar diversos episódios de complexo. Ela sonhava por exemplo: "Muitas figuras mascaradas me cercam. Rápido, grita meu irmão, rápido, senão eles te pegam! Então eu acordo, porque não consigo correr, acordo com medo e aterrorizada".

Esse sonho a lembrou de como, quando criança, seus pais sempre lhe diziam que ela precisava se apressar, caso contrário ela seria deixada para trás e o "bicho-papão" a pegaria. Eram para ela situações de medo. Ela poderia ter escapado desse medo se tivesse sido mais rápida. Esse tema dominava seus pesadelos, mas determinava também o seu dia a dia. Ela aprendera a se apressar tanto que não tinha mais o tempo necessário para contemplar as suas ideias. E assim não conseguia escapar do medo do qual queria escapar – pelo contrário: o medo aumentava cada vez mais. Ela havia interiorizado situações como episódios de complexo em que irmãos, pais e professores a pressionavam e a ameaçavam com algo "muito terrível", que poderia destruí-la. Esse tipo de episódios é interiorizado como um todo. Ajuda entender que não nos encontramos apenas na posição da criança, mas que interiorizamos também as figuras que nos atacam: É a própria mulher que se pressiona, que se apressa, mesmo sabendo que dessa forma ela não consegue resolver, mas apenas piorar o problema. Esse problema se evidenciou também na terapia. Muitas vezes, ela não terminava uma oração, porque algo novo precisava ser expressado. Eu sempre lhe dizia que tínhamos tempo o bastante, que ela não corria perigo se tomasse o tempo necessário. E, no decurso da terapia, ela conseguiu também tomar o tempo para as suas ideias: "Uma semana inteira para uma ideia, e nada ruim aconteceu, pelo contrário, foi ótimo".

Se não tratarmos os nossos episódios de complexo, eles determinam nosso futuro. O ser humano foi projetado para relacionamentos. No relacionamento com pessoas que são importantes para nós, nós nos sentimos seguros e experimentamos a nossa própria identidade. Pessoas em que confiamos são uma ajuda particularmente valiosa quando nos confrontamos com experiências difíceis da vida, principalmente com situações de medo[85]. Nem todos os relacionamentos são uma

---

85. FONAGY, P. (2003). *Bindungstheorie und Psychoanalyse*. Stuttgart: Klett-Cotta, p. 41.

A alma precisa de tempo

ajuda. Principalmente relacionamentos difíceis na infância, experiências relacionais disfuncionais, que são transferidas também para os relacionamentos do presente, se manifestam em episódios de complexo[86]. São nódulos da nossa atividade imaginativa. E mesmo quando, durante um período de descanso, o nosso cérebro entra no modo do sonho diurno, dominam determinadas imaginações: Os episódios de complexo e as emoções relacionadas concentram as imaginações. Um homem que teve um pai que sempre concorria com ele e evidentemente sempre ganhava imagina situações de desconfiança, situações em que ele é derrotado por pessoas das quais ele espera receber apoio. Ou ele imagina situações em que ele assume o papel do pai e derrota outros. Na posição da vítima, ele sente raiva e resignação; na posição do atacante, porém, não sente a satisfação que ele imaginava ter.

Expectativas, anseios, utopias – se é que ocorrem – se movimentam sob o ditado dos complexos apenas dentro dos limites de um passado enrijecido. Mas isso significa que não conseguimos encontrar a vida própria. Nesse caso, vivemos entre o passado, que nos limita e assombra, e o futuro, que nos amedronta. O jogo livre da imaginação se torna impossível: Imaginamos em padrões estarrecidos, nos padrões dos episódios de complexo.

Experiências importantes em nossos relacionamentos – e estas são sempre emocionais – são interiorizadas e exercem uma influência sobre os relacionamentos que temos com outras pessoas, tanto na forma de peculiaridades relacionais quanto em sua tonalidade emocional. As imaginações com

---

86. KAST, V. (1998, 2012). *Abschied von der Opferrolle*. Friburgo: Herder Spektrum, p. 141ss.

sua tonalidade emocional influenciam relacionamentos, relacionamentos influenciam imaginações.

A alma está presa a uma situação relacional difícil, que deveria ser resolvida. Nas emoções vinculadas aos complexos está também a energia que precisamos para nos libertar e descobrir o tema obstruído. Tanto o trabalho com os episódios de complexo quanto o trabalho com sonhos podem ajudar nesses processos[87]. O problema aqui não é um código imposto de fora, mas o código do complexo: Lembrança e expectativa são marcadas por essa experiência e pela imaginação rígida relacionada a ela.

Não são, porém, apenas os complexos que estruturam a nossa fantasia, mas também campos arquetípicos constelados, relacionados aos complexos e, por vezes, em compensação com eles.

Imaginações arquetípicas

Esses códigos pré-fabricados da imaginação não existem apenas desde hoje. Religiões são sistemas simbólicos, e elas expressam também códigos para uma vida bem-sucedida. Vejamos a declaração e a convicção ético-religiosa: "Pai, que seja feita a tua vontade" (Mt 6,10). Isso não significa que toda a responsabilidade deva ser delegada a Deus, mas que a vontade própria seja "impregnada [...] da vontade de Deus" (Cl 4,12)[88], que uma vontade abrangente se manifeste nos atos da vontade humana. É claro que essa declaração pode ser compreendida de forma simplificada, como enfraquecimento da vontade própria, como renúncia ao pensamento próprio. As muitas

---

87. KAST, V. (2006, 2012). *Träume*, p. 63-97.

88. PIEPER, A. (2004), *Glückssache* – Die Kunst, gut zu leben. Munique: DTV, p. 254.

A alma precisa de tempo

dicas de como a vida poderia ser vivida, transmitidas pelas religiões, contêm todas o perigo de serem compreendidas como códigos. Nesse caso, não permitem uma vida própria, no pior dos casos, a vida é ofuscada por sentimentos de culpa, porque não conseguimos corresponder a essas prescrições. Portanto, também aqui a armadilha está numa imaginação coletivamente aceita. Pensaríamos que, desde o Iluminismo, desde que as pessoas passaram a ter não só um único livro, mas muitos, recebendo, portanto, muitos impulsos para uma vida bem-sucedida, as pessoas questionariam essas regras. Isso é um tema constante na filosofia[89]. Na religião, na memória cultural, em todos os lugares em que existem símbolos coletivos, lidamos, porém, com imaginações arquetípicas, que também estruturam a nossa fantasia. Foi sobretudo C.G. Jung que descreveu os arquétipos. Trata-se de um conceito amplamente aceito nos dias de hoje. Trata-se de constantes antropológicas.

Segundo C.G. Jung, os arquétipos são "uma disposição inata para formações paralelas de imaginações, ou seja, estruturas universais, idênticas da psique, que mais tarde chamei de inconsciente coletivo. Chamei essas estruturas de arquétipos"[90]. Imagens arquetípicas, padrões arquetípicos evidenciam a estrutura de imagens nas quais a psique pode se mostrar em geral e que conferem às possíveis formas as emoções predispostas biologicamente. A alma se mostra também em imagens arquetípicas.

"Na experiência prática, arquétipos [...] são imagens e, ao mesmo tempo, emoções"[91]. Ou seja, campos arquetípicos

---

89. Ibid., p. 255.

90. JUNG, C.G. *GW* 5, § 224.

91. Id. *GW* 18/1, § 589.

transmitem às emoções determinada dinâmica de estrutura. Os arquétipos se mostram onde a fantasia age livremente. "[...] o arquétipo é uma figura, seja ela demônio, ser humano ou procedimento, que se repete no decurso da história onde a fantasia criativa age livremente"[92]. Uma figura arquetípica é também a "sereia", que também aparece em culturas independentes umas das outras, com a tonalidade da cultura respectiva. A crença popular japonesa acredita, por exemplo, que se torna imortal aquele que comer da carne da sereia Ningyo. No entanto, aquele que comer dessa carne não encontrará a felicidade[93]. No espaço europeu, as sereias seduzem os marinheiros; às vezes, os puxam para a água, mas podem também ajudar a sobreviver a uma tempestade ou a prever o futuro.

Padrões arquetípicos, que regulam as necessidades fundamentais dos seres humanos, estão também por trás dos complexos, que se desenvolvem justamente quando as necessidades fundamentais não são supridas. Já que arquétipos "agem de forma reguladora, modificadora e motivadora nas figurações dos conteúdos da consciência"[94], partem deles – segundo Jung – impulsos para a autorregulamentação da psique no sentido mais amplo. Eles estruturam as emoções e imaginações, na maioria das vezes por meio de complexos, trazendo muitas vezes também aquilo que falta.

Os arquétipos são vivenciados na forma de imaginações e imagens arquetípicas, que se manifestam em sonhos, fantasias e mitos. Eles conferem forma às emoções e permitem um

---

92. Id. *GW* 15, § 127.

93. WIKIPEDIA. *Meerjungfrau* [Disponível em http://de.wikipedia.org/wiki/Meerjungfrau].

94. JUNG, C.G. *GW* 8, § 404.

novo comportamento em comparação com o conhecido. No entanto, permitem apenas determinadas formas da fantasia e da emoção, ou seja, elas fornecem também estrutura. Elas são parte do nosso equipamento biológico fundamental; são, porém, também culturalmente formadas. As imagens arquetípicas precisam ser moldadas, verbalizadas na linguagem do presente, que se muda com o espírito do tempo. "As imagens primordiais são capazes de sofrer infinitas transformações e mesmo assim permanecem as mesmas, mas apenas em uma forma nova elas podem ser compreendidas novamente. Elas sempre exigem uma interpretação nova, caso não queiram perder seu poder em virtude de um envelhecimento crescente de seu conceito." Se não forem processadas criativamente, nós não nos expomos a elas. E se não tivermos um acesso emocional a elas, esses padrões antigos também passarão a agir como códigos. É interessante estudar as muitas sereias diferentes da história da humanidade em seus contextos; mas se elas não nos tocarem emocionalmente e iniciarem um processo, elas podem ser um aspecto de uma imagem misteriosa da mulher, com a qual a mulher até pode se identificar, mas sem iniciar um reavivamento interior.

Traduzir para a linguagem do presente significa também: inserir essas imagens no contexto da própria vida. Então, a tensão possibilita desenvolvimento e desenvolvimentos futuros são visados. Isso significa: Os padrões básicos permanecem os mesmos, mas existe um espaço de manobra resultante do fato de que esses padrões se manifestam em pessoas que vivem em determinado tempo e em determinada cultura e que assim são transformados. Isso se evidencia no exemplo do luto: Perdas significativas provocam sentimentos de tristeza. Se nos entregarmos a esses sentimentos, inicia-se um processo de luto, um processo emocionalmente difícil, mas também libertador, que permite o desprendimento daquilo que se perdeu e um foco renovado em si mesmo e na vida. Esse "padrão" é praticamente igual em todas as pessoas. Mas existem diferenças culturais na expressão do luto, também nas exigências de como o luto deve ser superado. Existem também diferenças determinadas pelo tempo: Hoje em dia, a sociedade nos concede pouco tempo para o luto. Assim, o luto é patologizado. Existe porém também algo completamente diferente: grupos especiais que se reúnem para experimentar o luto em conjunto, que buscam novos rituais de luto.

A tradução de mitos para a linguagem de hoje ocorre, por exemplo, também nas histórias em quadrinhos. Com a ajuda das mídias populares, os mitos antigos são comunicados a um grande público de forma nova. Os desenhos animados da Disney trabalham com temas míticos: Amor e Psique na versão do conto de fadas de "A Bela e a Fera". Em vez de duendes, aparecem robôs, robôs domésticos, por exemplo na literatura da ficção científica. As proezas de Hércules se refletem nos atos dos heróis do Faroeste. Os mitos heroicos do Super-homem e super-heróis semelhantes estão em moda. De forma menos chamativa e menos barulhenta encontramos essa tradução de mitos na literatura contemporânea. Mas o que chama nossa atenção é o renascimento dos anjos, que vem ocorrendo nos últimos anos pelo menos na Europa e nos Estados Unidos.

A modernidade dos mitos antigos não surpreende, pois a literatura e o cinema descrevem e representam desde sempre os mesmos temas da humanidade como amor, separação, luta, vitória, derrota, perda, renascimento, velhice e morte. Quando entramos em contato com esses produtos culturais,

A alma precisa de tempo   97

que prendem a nossa atenção, a nossa própria imaginação, a nossa força de imaginação é ativada. Interpretamos os temas atuais da nossa vida em ressonância com o modo com que as pessoas lidaram com esses temas "desde sempre": imagens da vida pessoal podem ser comparadas e adaptadas às imagens da cultura e, portanto, também do inconsciente coletivo e exercer uma influência recíproca umas sobre as outras. Isso reanima o mundo de imagens na nossa psique. Quando imagens da memória e dos anseios se tornam vivas, nós nos sentimos mais vivos, percebemos melhor os nossos sentimentos e estamos mais próximos de nós mesmos. Temos também temas novos que nos interessam, sobre os quais refletimos. Em consequência disso, experimentamos que a nossa vida tem sentido, experimentamos sentido[95].

Códigos sempre estiveram presentes também no passado. Nossa força de imaginação tem sempre padrões à sua disposição; de modo mais intrapsicológico, mas também mais figurado e, por isso, também influenciado pelos valores válidos em determinada situação temporal. Se esses padrões não são questionados, mas acatados irrefletidamente, perde-se o espaço de manobra humano, perde-se o espaço para a criatividade, perde-se a possibilidade de entrar em ressonância com outras pessoas e com o mundo.

Se reagirmos nas situações emocionais mais importantes apenas de acordo com os códigos coletivos, a sociedade estarrece em questões criativas e perde sua criatividade. Segundo Illouz, isso resulta na decepção, por causa dos códigos que aplicamos no dia a dia. Os códigos coletivos nos abandonam justamente quando ocorre uma virada na vida, quando o des-

---

95. Id. *GW* 16, § 396 (escrito em 1945).

tino nos desfere um golpe. Então ficamos no vazio, necessitando de sentimentos em que podemos confiar. Por outro lado: são justamente as crises que desmascaram os códigos enquanto códigos, nas quais reconhecemos que os objetivos emprestados ou adquiridos não funcionam, e que precisamos formular um objetivo próprio para a vida, mesmo que seja menos espetacular. Os objetivos da vida precisam ser reformulados. Muitas vezes, não serão objetivos extraordinários. Aqui, ajudam as imaginações na forma de imagens animadas, de representações de possibilidades com as quais podemos nos relacionar. A fantasia é a capacidade interna de experimentar as possibilidades também no mundo exterior. Podemos imaginar os sentimentos provocados por determinadas decisões e como essas agem sobre a nossa autoimagem. Isso pode se manifestar em decisões: Como me sinto e como imagino minha vida se eu aceitar determinado emprego ou se eu emigrar para outro país? Vivenciamos uma mistura de imaginações e sentimentos – e possivelmente nos deixamos nos abduzir por um sonho diurno maravilhoso: uma invenção importante com uma equipe numa das melhores universidades do mundo. Ou: Como seria minha vida se eu me separasse de toda a tralha supérflua e desnecessária? Quando voltamos para a realidade, sabemos no mínimo onde poderíamos encontrar as visões e podemos adaptar os desejos às possibilidades reais.

As imaginações podem também ser muito precisas, como se mostra, por exemplo, nas cartas do futuro: Como será a vida quando eu estiver velho e precisar de ajuda para caminhar? Nessa imaginação, não me verei mais na casa de praia com a escadaria infinita e íngreme. E a imaginação diz respeito também ao meu mundo interior: Como eu me sentirei quando me encontrar aos pés de uma escada que não conseguirei mais escalar? Consigo aceitar essa perda e me concentrar naquilo que ainda será possível – e como vivencio esse sentimento? Ou será que pedirei a alguém que me ajude a subir a escada?

O que é necessário para ter essas imaginações precisas? Precisamos de um conhecimento sobre nós mesmos, sobre a nossa identidade. Preciso saber que nem sempre será fácil pedir ajuda para subir uma escada, isso seria irreconciliável com a minha autoimagem. Mas eu sei que eu sou capaz de encontrar um caminho novo em situações difíceis.

As imaginações servem também para isso: imaginar que temos possibilidades, que podemos imaginá-las em todos os detalhes e experimentar como elas agirão sobre a vida externa, mas também sobre a nossa experiência de identidade. Para imaginar isso, precisamos tomar o tempo de interagir com essas fantasias, que normalmente sempre estão presentes. Essas imaginações remetem tanto ao relacionamento com o mundo exterior quanto ao relacionamento consigo mesmo. Trata-se de ser inventivo e de exercitar sempre de novo essa inventividade dentro de si. Assim, é possível não se sentir entregue a situações difíceis, mas ter a convicção de que é possível lidar também com circunstâncias difíceis da vida. À experiência da própria identidade é acrescentado um aspecto da identidade no futuro e isso gera a esperança de que o futuro, a despeito de todas as incertezas, pode ser vencido. Imaginações são, portanto, recursos que nos ajudam a lidar também com as incertezas no futuro.

Essa liberdade de imaginar possibilidades não existe naquelas áreas em que ainda sofremos uma influência forte do passado, sobretudo uma influência de experiências relacionais difíceis. Quem, por exemplo, cresceu sob olhares impiedosos e, por isso, viveu muitas situações de vergonha, permanecerá, se ele não se ocupar com esse episódio de complexo[96], sob esse aspecto também no futuro: as fantasias não conseguem se desenvolver, elas são sufocadas pela vergonha. O caso é semelhante no que diz respeito ao medo: Muitas fantasias não conseguem nem se manifestar porque elas provocam medo. E, partindo das fantasias de medo, é possível que alguém encontre as fantasias "pré-fabricadas", que passam a impressão de serem capazes de dar conta do dia a dia. Muitas vezes, esses episódios de complexo nos levam a confiar a avaliação de uma situação a uma autoridade que, no passado, determinou a nossa vida e a vermos a situação com os olhos dessa figura de autoridade. Assim, permanecemos presos ao passado.

Quando nos rendemos aos códigos coletivos, percebemos algo bem parecido: A consciência coletiva assume o lugar da autoridade. A maneira de pensar, nosso comportamento, nossas preferências já estão prefiguradas. A coisa se torna problemática quando as pessoas não se conscientizam de que estão agindo e pensando de forma coletiva, acreditando, em vez disso, que estão levando uma vida altamente individual. Mas isso é problemático apenas se acreditarmos que o ser humano precisa de uma identidade individual e não de uma identidade confeccionada.

Evidentemente, podemos ver nesses códigos também uma ajuda de vida. Nesse caso, seriam um incentivo de penetrar nesses padrões e de revivificá-los. Então, poderiam ser compreendidos como códigos que podem e devem se desdobrar.

Se partirmos do pressuposto de um mundo interior desenvolvido e cultivado em ressonância com o mundo exterior, que promete mais paz interior e mais sentido na vida, então

---

96. KAST, V. (2007). *Die Tiefenpsychologie nach C.G. Jung.* Stuttgart: Kreuzt.

precisamos identificar o problema decisivamente na imaginação atrofiada, onde o aspecto criativo não é mais experimentado e onde isso se transforma em um humor depressivo, onde um sentimento de decepção se deita sobre a vida[97]. Nesse caso, as pessoas não seriam criativas o bastante, não usariam sua liberdade o bastante.

---

97. KAST, V. (2008, 2012). *Konflikte anders sehen* – Die eigenen Lebensthemen entdecken. Friburgo: Herder Spektrum.

5 Nosso problema com o tempo e a identidade

Quando postulo que a alma precisa de tempo, compreendo a alma como "órgão" importante, que precisa de cuidados. Por um lado, este tem sido um tema humano desde sempre, por outro lado, parece que, hoje em dia, em decorrência da aceleração, o tempo está se tornando um recurso escasso. Evidentemente, tentamos economizá-lo onde seu investimento promete menos retorno – na alma. Isso revela o vínculo entre aceleração e economização.

Temos um problema com a dimensão do tempo, precisamos lidar de alguma forma com a experiência subjetiva do tempo. As ciências sociais e a filosofia falam hoje da "temporalização do tempo". O que querem dizer com isso é que decidimos sobre a duração, a sequência, o ritmo e a velocidade de atos, eventos e vínculos apenas no momento de sua execução, ou seja, no *próprio tempo*, eles não seguem mais um itinerário pré-definido[98]. Isso significa que tomamos decisões cada vez mais de forma pontual. Evitamos compromissos mais longos, aceitamos relacionamentos apenas temporários.

---

98. ILLOUZ, E. (2011). *Warum Liebe weh tut*, p. 387ss.

A alma precisa de tempo 103

Vivências não têm duração. Elas ocorrem no presente. A experiência, por sua vez, precisa de muito tempo – ela tem memória – e ela se projeta sobre o futuro. "Se privarmos as coisas de sua memória, elas se transformam em informações ou mercadorias"[99]. Visto assim, a vivência é atualidade – nada mais. A vivência é restrita à atualidade, e isso significa que afeta também a conduta referente ao futuro ou também ao passado: compromisso, fidelidade, promessa, um envolvimento mais duradouro se tornam quase impossíveis quando tudo visa ao prazo curto. Tudo que é planejado a longo prazo é questionado sob essa perspectiva. Para o ser humano isso significa que tudo que poderia gerar um sentimento de segurança é questionado. Isso, por sua vez, evoca medos latentes ou manifestos. Na crise ecológica, a problemática relacionada ao foco na atualidade se manifesta claramente, pois nesse contexto precisamos nos preocupar com o futuro, com a sustentabilidade – e essa preocupação contradiz fortemente ao pensamento que soluciona os problemas sempre e apenas para o momento atual.

Quando o presente é compreendido como atualidade, perdemos a duração e a sensação de que podemos confiar em algo. Confiar em algo implica uma duração temporal. Se não pudermos mais confiar em algo ou em alguém, porque hoje vale isso, e, amanhã, algo diferente, reagimos com um sentimento de insegurança e medo. Em que podemos confiar? Que não podemos mais confiar em nada? Não posso confiar nem em mim mesmo nem em outras pessoas. Poder confiar em outra pessoa é, porém, essencial no convívio com ameaças, com

---

99. ROSA, H. *Beschleunigung* – Die Veränderung der Zeitstrukturen in der Moderne. Frankfurt a. Main: Suhrkamp STW, p. 365.

todas as imponderabilidades da vida. A questão é confiança no relacionamento. Um relacionamento que permita confiança não pode ser algo pontual, nesse caso ele se reduz a um mero contato. Um relacionamento confiável precisa ser visto como algo que se estende para o futuro. Precisamos reconhecer no mínimo a intenção. É claro que prometemos um ao outro que estaremos disponíveis para o outro e que o defenderemos – mas todos nós sabemos que sempre podemos nos surpreender: Surpreendemos a nós mesmos, a vida nos surpreende, e a certeza de que envelheceremos na companhia de uma pessoa pode começar a enfraquecer rapidamente. Creio que isso sempre tenha sido assim no convívio humano – mas o aspecto novo é que o pensamento focado na atualidade perdeu de vista a dimensão da duração. Menos compromisso: Hoje me sinto assim; amanhã verei como me sentirei – e isso significa que preciso tomar outra decisão.

Um relacionamento seguro e confiável com outras pessoas é, porém, a maior ajuda quando lidamos com o medo[100]. Se realmente nos preocupássemos apenas com a situação atual, isso geraria uma insegurança adicional. Esta é possivelmente a razão pela qual buscamos a confiabilidade num relacionamento, pela qual as pessoas exigem de si mesmas um esforço de ser uma pessoa confiável. Pode ser mais difícil do que antigamente, mas trata-se também de uma postura mais consciente, disposta a lidar abertamente com as crises dentro de um compromisso. Questionamos a confiabilidade que se deve meramente ao fato de que outra postura não seja possível, de que esta é a postura exigida.

---

100. HAN, B.-C. (2009). *Duft der Zeit* – Ein philosophischer Essay zur Kunst des Verweilens. Bielefeld: Transcript, p. 13.

Sim, precisamos viver no presente. Outra coisa nem é possível. Mas isso é diferente de viver apenas no momento. Viver no momento significaria abrir mão de lembranças, mas também de imaginações sobre o futuro e, portanto, do propósito e da vontade de moldar o futuro. O que restaria seria uma improvisação constante e talvez também uma resignação, que se esconde por trás de uma vida ocupadíssima. Se a atualidade fosse a única coisa que conta, o passado também perderia o seu valor. Isso se evidencia, por exemplo, no fato de que os conhecimentos do passado já são considerados antiquados. Conversamos somente sobre coisas atuais. Se quisermos participar das conversas, precisamos nos manter atualizados. Essa postura significa uma grande desvalorização do passado, mas também a desvalorização de um possível futuro.

No contexto da biografia pessoal, isso significaria que a história própria, a história das experiências não seria mais relevante, a biografia seria reduzida ao ponto do agora: Hoje esta, amanhã aquela, de onde venho, para onde vou – isso não importa. Essa é uma visão aterrorizante de uma identidade vivenciada apenas pontualmente, evocada com frequência, mas que eu considero irreal. E Rosa[101] também acredita que a identidade pós-moderna seja situacional: O indivíduo em diferentes contextos vive diferentes aspectos da identidade, não só ao longo da vida, mas também simultaneamente. O resultado disso é algo parecido com uma identidade transitória. Mesmo assim, não se perde "o senso de identidade que orienta as decisões e ações em todos os contextos práticos"[102]. Apesar

---

101. KAST, V. (2012). *Zuversicht* – Wege aus der Resignation. Friburgo: Herder.

102. ROSA, H. *Beschleunigung*, p. 360.

de toda mudança situacional, preservam-se a continuidade e a coerência. Ao contrário, porém, da chamada biografia normal, contextos lógicos são rompidos frequentemente: O primeiro emprego não precisa ser o último, é possível apaixonar-se várias vezes na vida. E convicções políticas também não são para sempre – e: Não sentimos mais o orgulho de termos permanecido leais à mesma convicção, aceitamos que "vários corações" batem em nosso peito. Mesmo que a aceleração seja um conceito sociológico que pode ser questionado – do ponto de vista psicodinâmico ele não é irrelevante. O processo de individuação, descrito originalmente por C.G. Jung[103], é um processo de desenvolvimento vitalício, que ocorre na interação entre a vida consciente e as experiências e reações psicológicas a esta. Aspectos novos da psique são ativados o tempo todo, e com isso também novas posturas, novos modos de conduta, sobretudo também aspectos da personalidade que estavam escondidos na "sombra", que foram recalcados, são trazidos à luz. Conflitos fazem com que partes separadas são integradas à vida, mas também que outros aspectos são excluídos. Evidentemente, o mundo atual e a situação social exercem uma influência sobre esses processos, eles fazem parte dos processos. Mas enquanto o eu perceber também as reações do próprio inconsciente, o senso de identidade pode ser preservado também na mudança e pode ser experimentado como coerência. E já que nunca tudo se transforma, a continuidade também é garantida.

É possível que nas biografias atuais ocorram muito mais mudanças do que foi o caso antigamente. Quando contextos rígidos são rompidos, isso pode provocar uma ruptura na bio-

---

103. Ibid., p. 573.

grafia, acompanhada de insegurança, depressões etc. Essa ruptura pode, porém, também ser compreendida como oportunidade para uma reorientação. Nossos sonhos fazem algo parecido: Situações familiares são combinadas de forma nova e inusitada. Isso possibilita uma nova perspectiva da vivência. Um homem inseguro, por exemplo, se vê como cantor maravilhoso de uma banda admirada, ele se alegra e se sente orgulhoso. Quando acorda, ele se pergunta se virou megalomaníaco ou se realmente seria capaz de ter mais sucesso. A consequência: Ele se torna um pouco mais corajoso e ocorre uma pequena mudança em sua identidade como cantor.

Quando ocorrem tantas mudanças, precisamos nos adaptar e esperar o inesperado, ou seja, abrir mão de certo poder de controle. Aprendemos a conviver com a incerteza e a nos preparar criativamente para o novo. No entanto, precisamos poder confiar na nossa capacidade de lidar criativamente com situações difíceis. E mais: Mais ainda do que agora, será cada vez mais importante unir-se a outras pessoas para vencer os desafios em conjunto. Criar uma rede relacional confiável, e mesmo que seja apenas para solucionar um problema urgente, se tornará cada vez mais importante. É possível até que novas formas de convívio se tornarão importantes. Isso faz com que possamos ser ativos na interação com outras pessoas – e que não resignamos.

Isso exige um esforço contínuo do indivíduo para reestabelecer sempre de novo a coerência na autoimagem e na biografia. É importante estabelecer vínculos entre o agora e o passado e também o futuro para dar sentido à vida atual. Vivências precisam ser transformadas em experiências, precisam ser arraigadas no sentimento; o vínculo narrativo entre atualidade, passado e futuro deveria persistir, e é provável que persista. Existe a vivência da atualidade, e existe a necessidade de duração. Entre ambas existe hoje uma tensão maior do que em tempos passados. Essa tensão precisa ser aguentada. Creio que não seja um acaso o fato de que a obra de Marcel Proust, *À procura do tempo perdido*, esteja sendo refletida tanto hoje em dia. Daniel Binswanger escreve em sua memória de Proust: "Ele sabia que essa lembrança só existe se ela se transforma em uma experiência sensual. Para salvar o passado do esquecimento é preciso saber ver, degustar, cheirar"[104]. Para acrescentar duração ao pensamento focado na atualidade, precisamos tanto das percepções sensórias como também da lembrança sensual, da imaginação com todos os sentidos. E assim a biografia pode ser narrada. Nós narramos constantemente a nossa história. Além desse vínculo narrativo, existem muitos outros vínculos que mostram que também as pessoas pós-modernas se esforçam sempre de novo para obter um sentido de identidade, para preservar a coerência e continuidade, a despeito de todas as reviravoltas. Pessoas pós-modernas, que são flexíveis e já viveram muitas reviravoltas, mesmo assim se preocupam com a continuidade: Ouvimos e lemos sempre de novo sobre pessoas que descrevem como conseguiram salvar determinados objetos ao longo de várias mudanças. Pessoas que gostam de livros costumam ter alguns livros que resistiram a todas as mudanças e limpezas e que são lidos sempre de novo. Pessoas com mais espaço possuem bibliotecas inteiras de livros considerados marcos da própria biografia de leitura. As lembranças precisam ser vividas também sensualmente para alimentar os sentimentos de

---

104. JUNG, C.G. "Bewusstsein, Unbewusstes und Individuation". *GW* 9,1, p. 293-307, § 489-524.

identidade. Trata-se de "objetos de transição", que estabelecem vínculos com o passado e o futuro e assim possibilitam uma continuidade na biografia – a despeito de todas as mudanças.

A sombra da aceleração

A aceleração tem também uma sombra, a estagnação. Todas as pessoas que já ficaram presas num engarrafamento ou que, completamente imóvel, foram transportadas num avião em alta velocidade.

Rosa observa isso também quando escreve: "[...] que a abertura aparentemente ilimitada das sociedades modernas e sua mudança rápida são apenas fenômenos na 'interface do utilizador, enquanto suas estruturas profundas enrijecem e endurecem imperceptivelmente. *Apesar de nada permanecer como é, nada de essencial muda*; por trás de todas as cores gritantes esconde-se apenas *o retorno do mesmo*. Este é o diagnóstico que se cristaliza no reverso da dinâmica da aceleração e que encontra sua expressão na metáfora da *estagnação corrida*"[105].

A aceleração tem uma "sombra", a estagnação corrida e a paralisia. Quando falamos de aceleração, precisamos pensar sempre também na estagnação. Estagnação não só no mundo exterior, no qual precisamos movimentar artificialmente nosso corpo imobilizado, mas estagnação também no mundo interior: de tanto ativismo esquecemos do desenvolvimento da personalidade. Segundo Rosa, essa paralisia pode ser encontrada também na depressão: "Sempre se trata de um estado psicológico, que, *em vista da incapacidade da alma*

---

105. BINSWANGER, D. (2012). "Der Feinstoffliche". *Das Magazin*, 33, 2012, p. 40.

de focar sua energia em um objetivo fixo, constante e recompensador e de desdobrá-la ativamente, é caracterizado por uma lentidão artificial, por um vazio (e, simultaneamente, por uma inquietação interior) em decorrência de uma 'paralisia da alma'"[106]. Mesmo que isso seja ainda apenas a experiência de pessoas "sensíveis", Ehrenberg acredita que isso pode se transformar em uma "experiência geral estruturalmente inevitável"[107].

Se tomarmos essas declarações ao pé da letra, poderíamos gerar um movimento contrário, focando a energia da alma em objetivos que valem a pena. Precisamos, portanto, prestar atenção nas necessidades da alma. As necessidades da alma se expressam em sonhos, nas imaginações – precisamos levá-las a sério, e para isso precisamos de tempo.

Escapar do capataz interior

"O objetivo não é 'desacelerar', mas 'desapressar', ou seja, abrir mão da velocidade supérflua. Em outras palavras: Trata-se de conferir a todos os eventos, a todas as coisas e a todas as tarefas a sua velocidade apropriada"[108], esta a ideia de Geissler. E então segue uma apologia ao valor da paciência, da tranquilidade, da perseverança e da lentidão. Isso é certamente desejável. Mas será que é tão fácil de realizar?

---

106. ROSA, H. (2011) "Beschleunigung und Depression – Überlegungen zum Zeitverhältnis der Moderne". *Psyche – Z Psychoanal,* 65, p. 1.041-1.060, esp. p. 1.051.

107. Ibid., p. 1.056.

108. EHRENBERG, A. (2004). "Das erschöpfte Selbst – Depression und Gesellschaft in der Gegenwart", apud ROSA, H. (2011) "Beschleunigung und Depression – Überlegungen zum Zeitverhältnis der Moderne". *Psyche – Z Psychoanal,* 65, p. 1.056.

A alma precisa de tempo

Como é fácil pegar-nos sentindo-nos apressados e pressionados: conferir algo rapidinho, responder a um e-mail, fazer um passeio rápido. "Ainda consigo fazer..." é uma expressão usada irrefletidamente por muitos contemporâneos, e talvez até tenham orgulho de conseguirem fazer tudo tão rápido. Mas isso ainda não significa que somos apressados e nos sentimos pressionados. Isso acontece quando sempre chegamos um pouco atrasados, já sem fôlego, sem tempo para recuperar o fôlego, sem tempo para perceber o clima do dia. A aceleração, em combinação com a pressão de desempenho, que vivemos hoje, provoca no nível individual essa pressão. Sennert[109], porém, acredita que essa pressão é produzida por nós mesmos: "As próprias pessoas exigem de si mesmas desempenho máximo, porque estão concorrendo consigo mesmas. O tempo todo tentam provar-se a si mesmas por meio de sucessos, mas nenhum desempenho consegue servir como prova de um esforço satisfatório". Já que nunca somos bons o suficiente, nós nos pressionamos. Ele vê isso no contexto do perfeccionismo, mas também do desejo de receber o reconhecimento de algum lado, a confirmação de que fizemos um bom trabalho. O perfeccionismo visa a um estado ideal. Mas este nunca corresponde à realidade. A busca de um desempenho "bom" seria mais humana: Empenhar-se de tal maneira e esperar de si mesmo não a perfeição, mas uma qualidade boa, evitaria uma expectativa exagerada.

Pressionar-se, porém, pode gerar também um orgulho, um sentimento de boa autoestima: A pessoa faz parte, é eficiente, naturalmente vítima das circunstâncias, mas não afun-

---

109. GEISSLER, K. (2011). *Alles hat seine Zeit, nur ich habe keine.* Munique: Oekom, p. 187.

da. A coisa se torna problemática apenas quando começam a aparecer sintomas de exaustão, como, por exemplo, a Síndrome do Fósforo Queimado (*burnout*), um desenvolvimento que pode levar a uma doença. Se compreendermos o *burnout* como problema que resulta de um processamento inadequado de estresse (existem também outros aspectos)[110], então o capataz interior pode aumentar o estresse, ao qual se opõe um freio interior. O capataz pressiona: mais rápido, mais intenso... O capataz interior precisa ser reconhecido, por exemplo, numa falta de fôlego, e então ele precisa ser questionado. Por quê? Que bem isso faz? Que bem isso me faz? Especialmente problemático é esse capataz interior em situações em que alguém exige e espera tanto de nós que nos sentimos incapazes de cumprir essas expectativas, mas mesmo assim nos dizemos que daremos conta do recado. Essa falta de empatia com os próprios limites, em combinação com uma pressão e correria que já se tornou hábito, leva à exaustão. O propósito de reações de estresse é resolver um problema urgente por meio da mobilização de energia e ações competentes. As reações de estresse têm a ver com percepções físicas, com emoções e também com processos mentais. Quando essas reações de estresse são passageiras, nós as vivenciamos como desafio; mas quando ocorrem com frequência, nós nos esgotamos – e muitas vezes nem conseguimos ver sentido nisso tudo. Como limitantes experimentamos situações de estresse que não podemos controlar ou influenciar, nas quais a autoeficácia é limitada e onde nosso empenho e o resultado já não correspondem um ao outro. Siegrist aponta outra dimensão importante: No

---

110. SENNETT, R. (2012). *Zusammenarbeit* – Was unsere Gesellschaft zusammenhält. Berlim: Hanser, p. 260.

mundo de trabalho, as relações sociais são enfraquecidas e os sentimentos de fazer parte são sufocados[111]. Isso evidencia mais uma vez o quanto os relacionamentos humanos, a experiência de se relacionar, geram um sentimento bom de segurança também no mundo do trabalho, de forma que isso nos permite lidar melhor com os desafios. Mas quando mudamos rapidamente de emprego, quando não permanecemos no mesmo local de trabalho por muito tempo, sofrem os nossos relacionamentos. Nossa rede de relações sociais nos permite também contar com a solidariedade dos outros em determinadas situações. Sabemos que somos capazes de trabalhar juntos, alcançar algo juntos, confiando que o outro nos ajuda quando a situação ficar difícil.

O capataz interior é um fator importante nessa dinâmica de estresse. Quando estamos pressionados, perdemos a sensibilidade para relacionamentos humanos, a não ser que os outros contribuam rapidamente com aquilo que precisamos urgentemente. Pressionados pressionamos os outros – e logo se cria uma situação de pressão generalizada. Em nosso tempo livre poderíamos relaxar: Mas aí nos pegamos fazendo uma lista mental de tudo que ainda precisa ser feito. Numa situação de tanta pressão, precisamos respirar fundo, voltar para nós mesmos. O que adianta tanta correria, tanta pressão? Sabemos do dia a dia que, muitas vezes, ela não ajuda em nada, muitas vezes até produz problemas ainda maiores. Escrever algo rapidamente no computador – e não se esquecer de salvar o documento. Na correria cometemos um erro que nunca cometeríamos numa situação mais tranquila.

---

111. SIEGRIST, J. (2011). *Burnout und Arbeitswelt* [Palestra nas Lindauer Psychotherapiewochen - Disponível em www.Lptw.de/Archiv].

Respirar fundo. Consultar os sentidos e perguntar o que existe no mundo além do nosso trabalho. Talvez até concordar com outros modos de conduta, decidir que não estamos mais dispostos a deixar-nos pressionar. Talvez isso interfira um pouco no momento na nossa autoestima que resulta quando conseguimos acompanhar a correria. Mas de que adianta uma boa autoestima desse tipo? Quando as raposas são caçadas pelos caçadores a cavalo e pelos cachorros, temos compaixão com eles. E conosco mesmos? Precisamos de empatia conosco mesmos. A pressão e a correria como valor em si precisam ser questionados. No entanto, encobrimos nosso estresse com uma aparência de superioridade e tranquilidade. A autorregulação, porém, se manifesta no máximo quando nossas forças acabam, quando tudo estarrece – ou, em palavras menos dramáticas: quando o coração se depara com a oposição do mundo, que simplesmente não participa do nosso jogo. A maioria das pessoas tem um capataz interior: Você deve, você precisa, agora faça isso... A aparência desse capataz interior depende da nossa biografia, nós o trazemos do nosso passado. Quando ele chama nossa atenção, isso quer dizer que nós trabalhamos nisso: queremos viver nossa própria vida, não queremos que relacionamentos do passado nos digam o que devemos ou podemos fazer. Não queremos que eles nos pressionem. Mas existem capatazes interiores mais moderados, aos quais também somos gratos. Mas quando estes se manifestam em situações de estresse, precisamos questioná-los: Eles nos impedem de viver outros aspectos importantes da nossa personalidade e do convívio com o próximo? A nossa vida é determinada por outros? Exigimos demais de nós mesmos? Queremos realmente enfrentar a concorrência por meio da pressão e nos prejudicar dessa forma? Tudo isso faz sentido?

A alma precisa de tempo

Ócio: a experiência contrária

A aceleração da vida, o sentimento de pressão e correria e a sensação de estarmos perdendo o essencial resultam numa percepção subjetiva de uma falta de tempo. Falta tempo para transformar vivências em experiências que possam ser compartilhadas com outras pessoas e que assim podem ser integradas à própria biografia e vinculadas a outras pessoas. Minha autobiografia nunca é só a minha história, ela está conectada com as histórias de muitas pessoas que me são próximas. Hoje, procuramos nossas raízes – a necessidade de fazer parte, de ter raízes é a reação contrária à mudança acelerada, que, em partes, é criada artificialmente.

Quando estamos sob pressão, corremos para qualquer lugar, para longe de nós mesmos, nós nos alienamos de nós mesmos. Deixamos de nos sentir em harmonia com nossos ritmos fisiológicos, com as necessidades também de nosso mundo interior – e não adianta dizer que as coisas melhorarão no futuro. A vivacidade interior, o desenvolvimento de imaginações, que tem a ver com aquilo que é importante para nós, a vivência de imaginações criativas – elas não podem se desenvolver num estado de pressão e correria; precisamos de tempo e de ócio.

Na antiguidade grega, ócio (*schole*) significava estar livre de obrigações políticas e também do trabalho assalariado. No ócio, nós mesmos decidimos o que fazer com o tempo, mesmo assim não se trata simplesmente de tempo livre. Ócio significava ter tempo para pensar, tempo para se ocupar com questões filosóficas, para voltar sua atenção para a beleza e as coisas imutáveis.

Pieper[112] compreende o ócio como postura que se opõe às exigências do mundo do trabalho. Trata-se de uma postura da desocupação interior, da tranquilidade, da serenidade[113]. Para ele, isso é uma condição para "ouvir" o que está se passando dentro de nós. Trata-se de uma postura de abertura, em que não atacamos a próxima tarefa, mas relaxa e se entrega ao fluxo das imagens interiores ou aos sentimentos – semelhante ao que fazemos no sono. Podemos ter ideias – e na verdade precisaríamos trabalhar duro para transformar essas ideias em projetos. Deixar se levar, fluir, como numa brincadeira, sem objetivo – assim podem surgir ideias e inspirações. O ócio não é submetido a fins econômicos. Ele não tem propósito. Segundo Aristóteles, ao qual Pieper se refere, ele possui, mesmo assim, uma posição superior à *vita activa*. Seu sentido é, segundo Pieper, permitir que "o funcionário permaneça ser humano"[114], para que o ser humano não só funcione, não seja apenas útil, mas demonstre que é "um ser projetado para o todo do ser"[115]. Já em 1947, quando Pieper escreveu este ensaio, reconquistar o espaço para o ócio era um problema. Ele acreditava que muitas pessoas já tinham perdido a força interior para o ócio, pois a chamada ociosidade havia se transformado em uma das "pós-formas do ócio"[116]. A abertura exigida na postura do ócio também não é fácil. Ócio é uma postura que conseguimos assumir quando estamos em harmonia conosco mesmos. Quando estamos em conflito co-

---

112. Ibid., p. 4.

113. PIEPER, J. (1948, 2007). *Musse und Kult*. Munique: Kösel, p. 38.

114. Ibid.

115. Ibid., p. 41s.

116. Ibid., p. 42.

A alma precisa de tempo

nosco mesmos, a concentração em nós mesmos pode até fazer sentido e ser útil, mas ela nos confronta com nossos conflitos interiores e não produz a postura de abertura, de fluxo, de aceitação.

A postura do ócio é uma postura que leva a sério a interioridade do ser humano. É claro que nem sempre compreenderemos o ócio nessa forma radical. O importante é a ideia segundo a qual essa postura é um complemento para a postura de trabalho, que permite que sejamos humanos, que permite que brinquemos sem consciência pesada, que permite o desenvolvimento das nossas imaginações e a expressão dos nossos sentimentos e humores. Quando conseguimos relaxar interiormente, encontramos muitas vezes impressões provenientes ainda dos sonhos da noite, muitas vezes apenas de forma rudimentar, mas que ainda nos trazem atmosferas e lembranças, às quais podemos nos entregar – e que podem nos deixar alegres, pensativos ou melancólicos – ou seja, vivos. Normalmente levamos algo das horas e dos espaços de ócio para o mundo exterior, para o chamado dia a dia. Mesmo que o ócio não tenha um objetivo específico, ele nos serve para algo. Os mundos interior e exterior são conectados – voltamos a ser "pessoas inteiras". A eficácia do mercado deveria trazer alívio econômico para as pessoas e permitir que elas se ocupem com outras áreas da vida, como a arte, a filosofia, o ócio. Assim pensavam, por exemplo, Adam Smith ou Ludwig Erhard[117]. Na época, era impensável que essa eficácia aumentasse cada vez mais e se tornasse um dinâmico fim em si mesmo.

---

117. Ibid., p. 55.

Tédio

Quando damos espaço e tempo ao nosso mundo interior e quando cultivamos o ócio, é possível que algo "pule na nossa cara". Podemos ter uma inspiração, que conecta os mundos interior e exterior. Mas mesmo quando queremos assumir a postura do ócio e tentamos estar abertos, quando voltamos nossa atenção simplesmente para o mundo interior, sem fazer qualquer coisa, quando esperamos, esperamos que algo aconteça, é possível que, em vez de algo vivificante, vivenciemos um vazio. Nada nos vem à mente além daquilo que esquecemos de fazer, nada nos atrai, nada nos interessa, tudo em nossa volta se torna desinteressante. A nossa alma não está em ressonância com qualquer coisa, sentimos falta de vontade, cansaço e, talvez, até nojo. Quando estamos entediados, não nos sentimos vivos, estamos sem impulso, sem motivação de fazer algo – vivenciamos então um vazio torturante e, mesmo assim, queremos ser vivificados. Esse vazio provoca medo, no pior dos casos até medo da morte, e por isso precisa ser combatido. Estamos entediados. Temos tempo, mas esse tempo parece não passar, se transforma em inimigo. Tentamos combater esse tédio com atividades: Procuramos estímulos, mas sem que qualquer coisa consiga nos estimular de verdade. Isso nos surpreende e nos assustamos com esse sentimento, com as inseguranças, com as ameaças que vêm à tona. Em vez de fantasias inspiradoras sobre novas possibilidades de vida, em vez de uma nova vivacidade, vivenciamos tédio.

Blaise Pascal escreveu sobre o tédio: "Nada é mais insuportável para o ser humano do que a completa inatividade, do que não ter paixões, obrigações, distrações, tarefas. Então se dá conta de sua nulidade, seu abandono, sua insatisfação, sua dependência, sua impotência, seu vazio. Imediatamente

A alma precisa de tempo 119

surgirá do fundo de sua alma o tédio e a escuridão, a tristeza, a preocupação, o desespero"[118]. Pascal descreve o tédio de forma drástica em seu contexto de um sentimento de vazio, da irritação sombria e do desespero. Para ele, o tédio é sinônimo do obscurecimento da alma. Quando tomamos tempo para nós, quando deixamos de fazer algo, quando não nos distraímos, esperamos ter uma ideia, encontrar um novo interesse, uma nova inspiração. Mas o tédio pode impedir isso. Pressionados achamos que, já que tomamos tempo para o ócio, deveríamos ter um resultado produtivo. Mas visto que a curiosidade e o interesse são emoções fundamentais, eles não podem desaparecer por completo. Podemos definir o tédio também como ausência de curiosidade e interesse e, portanto, também de criatividade, o tédio pode encobrir interesses, que precisam ser liberados: Quando aceitamos o tédio, quando passamos tempo com ele, quando suportamos esses humores desagradáveis, a alma voltará a se manifestar após algum tempo. É possível que ela não se manifeste na forma como desejamos – pois muitas vezes essas situações vivificam aspectos nossos que preferíamos manter escondidos. Talvez sejamos confrontados com conflitos que conseguimos evitar até agora. Mas tudo que nos vem à mente sempre tem a ver conosco mesmos. Quando compreendemos o tédio como situação de transição, que nos permite entrar em contato conosco mesmos, sentiremos menos medo quando ela ocorrer. Nós a aceitaremos até surgir alguma ideia que nos transmita que a nossa vida poderia ter um sentido e um significado[119].

---

118. ROSA, H. (2012). *Weltbeziehungen im Zeitalter der Beschleunigung –* Umrisse einer neuen Gesellschaftskritik. Frankfurt a. Main: STW, p. 341.

119. PASCAL, B. (1954, 1972). "Über die Religion und über einige andere Gegenstände (Pensées)", fragmento 131. In: WASMUTH, E. (org.). *Buchclub ex libris*, p. 75.

Em termos psicodinâmicos, poderiam, assim que nos concentrarmos em imaginações estarrecidas, surgir imaginações animadas; a partir das imagens de dificuldades podem surgir novas metas em combinação com interesse e curiosidade.

Como encontrar o interesse

O interesse é uma emoção tão vivificante porque o interesse cria uma ligação entre os mundos interior e exterior. Quando nos interessamos por algo, nossa atenção é cativada por uma pergunta, uma obra de arte, uma pessoa – por algo pertencente ao mundo exterior. Investimos tempo para seguir esses interesses e trabalhamos com energia interessada – e nenhum esforço é grande demais para nós. Sentimos então também que não é apenas algo pertencente ao mundo exterior que nos cativa, mas que nosso mundo interior também participa disso: Sonhamos com aquilo que cativou nosso interesse, ficamos mal-humorados quando não conseguimos perseguir nosso interesse. Não sabemos exatamente se aquilo que nos interessa corresponde a uma necessidade interior ou exterior. São ambas as coisas ao mesmo tempo: No interesse desejos, metas e anseios em parte ainda inconscientes se unem a atos no mundo orientados por esses interesses.

O fato de que o nosso mundo interior exerce um papel importante se mostra quando entendemos que a curiosidade é uma importante fase preliminar do interesse. Curiosidade, interesse e alegria podem ser identificados em termos neurobiológicos no "sistema de busca" e são vinculados à conduta de exploração humana. Curiosidade é uma emoção que nos leva a procurar aquilo que é interessante, vivificante e atraente. Aquilo que nos incita e talvez até excita nos estimula, nos vivifica[120].

---

120. KAST, V. (2001, 2011). *Interesse und Langeweile als Quellen schöpferischer Energie*. Patmos: Ostfildern, p. 159ss.

A alma precisa de tempo   121

O ser humano tem sede de novidades, de mudanças, sobretudo, porém, de estímulos: ele quer se sentir vivo, inspirado, animado, vitalizado. Curiosos, interagimos com o mundo, com outras pessoas – e quando aquilo que a curiosidade descobre nos parece interessante o bastante, a curiosidade se transforma em interesse, muitas vezes em um interesse duradouro, que é cultivado ao longo do tempo. A curiosidade aponta o caminho para as coisas na vida que nos incitam – e na maioria das vezes isso acontece de forma inconsciente, intuitiva. Ao êxtase segue – no melhor dos casos – uma atenção cativada durante muito tempo por algo que dá sentido à vida. Se quisermos saber para onde a nossa vida nos levará, quais são os temas ocultos da vida, a curiosidade e o interesse podem ser guias muito bons. Eles apontam o caminho para aquilo que realmente nos é caro.

Naturalmente acreditamos que sempre temos algum interesse e que nós o seguimos. Muitas vezes, este é o caso. No entanto, é possível também compreender que os interesses "em moda" são também interesses próprios. Às vezes, cultivamos também interesses que nossos pais tiveram, sem nos perguntar se esses interesses são realmente nossos próprios interesses. Nós os seguimos, investimos tempo e energia, e mesmo assim não sentimos a mesma satisfação que temos quando seguimos nossos próprios interesses verdadeiros. Quando seguimos estes interesses, nós nos sentimos vivos. Seguimos nossa "alma", pois ela é – na minha opinião – aquilo que realmente torna o ser humano vivo. Ela nos anima. Mas precisamos de tempo para reconhecer nossos interesses verdadeiros e para segui-los. Pois quanto mais nos aprofundamos em nossos interesses, mais vivos eles ficam e nós com eles.

Seguir nossos interesses seria então um caminho para encontrar aquilo que nos é caro, para encontrar nossas imaginações e emoções, mas também para as atividades que realmente prendem nossa atenção, que são nossas, que podem vivificar nosso relacionamento com o próximo e com o mundo, que podem gerar a ressonância entre o mundo e o nosso mundo interior. Estamos falando aqui dos nossos próprios interesses, do sentimento de vida que nos define. Este seria um antídoto para as imaginações pré-fabricadas, que costumamos adotar sem questioná-las, enquanto partes centrais nossas são ativadas pelo interesse e nos incentivam para a criatividade.

Para que nossos interesses possam se manifestar, precisamos de tempo e ócio. O tédio nos disponibiliza esse tempo, se nós o aceitarmos. Se tentarmos fugir do tédio, nós nos pressionamos, acreditando que algo deveria acontecer agora.

Existem muitas coisas que "pulam na nossa cara", que ativam nossa curiosidade e nosso interesse, sobre os quais nós dizemos: Eu me dedicarei a isso assim que tiver tempo. Esse adiamento faz com que o interesse se perca. Já que coisas interessantes nos cativam com tanta facilidade, isso talvez nem seja tão perigoso assim. Mas se isso acontecer com frequência, nosso vínculo com coisas interessantes se torna cada vez mais fraco. "Nada me interessa de verdade, nada prende mais a minha atenção, nem mesmo as coisas que, no passado, me eletrizavam", como disse um homem trabalhador e bem-sucedido, mas ao mesmo tempo um "escravo de si mesmo constantemente ocupado", como ele mesmo se caracterizava.

Dificilmente conseguiremos frear a aceleração pela qual nos deixamos levar. Mas podemos criar nichos de tempo e espaços para o nosso ócio, e isso é também tempo para os nossos interesses. Precisaríamos levar esse nicho de tempo tão

A alma precisa de tempo 123

a sério quanto nossos compromissos. Temos, de certa forma, um compromisso conosco mesmos – e não devemos exigir que esse compromisso seja produtivo. Ele pode ser vivificante, mas talvez seja apenas entediante. Nesse caso, precisamos lidar com o tédio. Isso se torna mais fácil quando entendemos que o tédio permite reestruturações do interesse. Quando nos concentramos no sentimento do vazio e esperamos que algo aconteça, que alguma ideia apareça, então surgem as fantasias. Deixamos de acusar o mundo ou os próximos de não serem interessantes o bastante; o relacionamento agora se volta para dentro: O que irrompe em mim mesmo?

Quando encontramos interesses, eles nos encorajam para uma conduta correspondente e muitas vezes para processos criativos, que podem ter um efeito duradouro. Todos nós conhecemos pessoas cuja vida era marcada por um grande interesse, que gerou obras maravilhosas. Interesses querem ser realizados.

Tédio existencial e depressão

Nem sempre é fácil encontrar a criatividade recalcada por trás do tédio. No tédio crônico, na melancolia, domina um tédio inexplicável, acompanhado de desânimo, tristeza, passividade. O tédio não dura algumas horas ou alguns dias, ele é vivenciado como um sentimento constante de falta de alegria e falta de ânimo, de tédio quase infinito. Não desejamos mais nada da vida – pois ter desejos não faria sentido, pois não poderiam ser satisfeitos. Mesmo assim, as pessoas que sofrem de tédio crônico sentem uma inquietação torturante.

Podemos ver o tédio crônico no contexto da depressão. Para entender melhor a depressão, falarei primeiramente das pessoas com estrutura depressiva. Pessoas com estrutura depressiva são pessoas que ainda não sofrem de uma depressão, mas que, em situações de perda, podem sofrer um colapso depressivo[121]. Essas pessoas preferem certo padrão relacional: Elas tendem a se adaptar excessivamente a outras pessoas e negam assim seus próprios desejos, propósitos e objetivos. Fazem isso para serem amadas, para receberem reconhecimento, para terem uma justificativa de viver. Elas se adaptam – ao mundo exterior, aos próximos, ao mundo de trabalho e esquecem que deveriam se adaptar também ao mundo interior e que elas mesmas precisam decidir como desejam se comportar. Quando essa adaptação se torna tão excessiva, elas não conseguem mais seguir seus próprios interesses, muitas vezes nem sabem mais quais são; perdem assim uma fonte de vivacidade. O amor, porém, que elas tentaram conquistar por meio de sua adaptação, também não costuma vir: O resultado são decepção e amargura. O tédio começa a se manifestar, acompanhado da convicção firme que elas conseguiriam ter sucesso se conseguissem se adaptar ainda mais. Predomina uma enorme pressão interior. Pessoas com estrutura depressiva vivenciam sempre o mesmo: elas tentam se adaptar, não recebem o que esperavam e ficam decepcionadas e irritadas. No entanto, não podem mostrar sua raiva, não podem permiti-la, caso contrário diminuiriam ainda mais a chance de receber o reconhecimento, o amor esperado. Então, ficam irritadas consigo mesmas ou com o mundo, não porém com as pessoas às quais se adaptam. Nessa situação, as pessoas giram apenas em torno de si mesmas, em torno daquilo que poderiam fazer melhor, mas também em torno daquilo que o mundo não lhes dá. Em suas atividades elas se perguntam o que as outras pes-

---

121. PANKSEPP, J. (1998). *Affective Neuroscience* – The Foundations of Human and Animal Emotions. Oxford: Oxford University Press, p. 144ss.

soas poderiam esperar delas. Isso chega ao ponto de elas se subordinarem: Como, por exemplo, a mulher que se queixa do fato de seu marido esperar que ela prepare uma refeição com vários pratos no domingo. Ela interpreta isso como sinal da insensibilidade de seu marido. Na conversa com o casal, ele diz o quanto ele odeia esses "almoços bombásticos", mas ele nunca comunicou isso à esposa porque não queria magoá-la. Em vez de conversarem um com o outro, os dois imaginaram o que o outro poderia querer. No entanto, podemos nos adaptar demais não só ao parceiro, mas também a normas aparentemente válidas. Quando essas pessoas se orientam pelas normas, elas têm uma vida boa, elas se sentem bem. Assim, uma mulher cujo marido faleceu inesperadamente diz: "Sempre me esforcei a fazer tudo certinho, mesmo assim ele morreu. E agora me pergunto: O que é o certo?" A quais normas e regras devemos nos submeter, se elas mudam o tempo todo? Ehrenberg reconhece na depressão "a patologia de um indivíduo responsável que se libertou da lei dos pais e dos antigos sistemas de obediência e conformidade"[122]. E por isso surge a pergunta: A que devemos nos adaptar? À ideia das possibilidades infinitas? A depressão mostra que o reverso das muitas possibilidades é a estagnação. Num mundo em que tudo parece possível nada passa a ser possível. Existe uma pressão forte, mas já que não conhecemos os próprios desejos e também não existem visões coletivas, a vida pode perder sua orientação e seu sentido. Podemos compreender a depressão como fracasso de uma tentativa heroica de se adaptar, pelo preço da autoabnegação – até isso não funcionar mais. E nor-

---

122. KAST, V. (2013). *Trauern* – Phasen und Chancen des psychischen Prozesses. Friburgo: Kreuz.

malmente isso deixa de funcionar quando surge uma pressão adicional, uma perda, por exemplo, quando relacionamentos humanos deixam de funcionar ou se rompem.

Em seu ensaio "As etapas da vida" (Die Lebenswende), de 1930, C.G. Jung escreveu sobre a depressão em pessoas de meia-idade. Por trás dessas depressões, ele suspeitava "uma vida que também poderia ter sido vivida [...] às vezes, são também brasas ardentes sob cinzas"[123]. Quando as pessoas se adaptam demais, a "vida que também poderia ter sido vivida" permanece na escuridão. Ela se manifesta então na depressão. Jung seguiu uma abordagem orientada pelos recursos: As pessoas não ficam depressivas simplesmente por terem feito algo errado; a depressão quer algo delas: que elas se voltem para a psique, para o inconsciente e descubram qual vida tem ficado para trás, o que pode ser reintegrado. Para Jung, o motivo pelo qual tanto fica para trás é que a realização dos objetivos sociais ocorre "a custo da totalidade da personalidade"[124]. Na segunda metade da vida, parece ser imprescindível integrar o excluído e negligenciado, levar a sério o mundo interior. Na opinião de Jung, é preciso encontrar novos objetivos, objetivos que pertencem a esse indivíduo, objetivos que se cristalizam no diálogo com os próprios sonhos e imaginações e que correspondem mais aos interesses verdadeiros. Jung não fala explicitamente da falta de tempo – implicitamente, porém, o tempo todo. Já na "aceleração" de 1930, muitas coisas ficaram para trás. Na visão de Jung, porém, aquilo que não pôde participar da vida, mas que deveria ter participado da vida,

---

123. EHRENBERG, A. (2004, 2008). *Das erschöpfte Selbst* – Depression und Gesellschaft in der Gegenwart. Frankfurt a. Main: STW, p. 304.

124. JUNG, C.G. (1930, 1967). "Die Lebenswende". *GW* 8, § 772.

A alma precisa de tempo

pode ser reencontrado se voltarmos nossa atenção e energia para a alma.

Depressão significa estagnação, a vida deixa de fluir, a visão para o futuro, que as pessoas costumam ter, está obstruída. O futuro é antecipado como repetição do passado. O sentimento de não ter futuro é mortal. Normalmente, nós nos projetamos com vista ao futuro, fazemos planos, imaginamos o futuro – e quando realizamos essas imaginações transformamos o desejável em possibilidades. Mas nossas imaginações do futuro estão sempre ligadas a esperança e confiança. Com o sentimento de não ter um futuro, os sentimentos positivos da vida se tornam mais raros: a alegria, a esperança, a inspiração, a expectativa. A obstrução do futuro faz com que o passado adquira um peso desproporcional – aquilo que preferíamos ter feito diferente adquire um peso grande demais, como também os sentimentos de culpa e o tédio existencial, que poderíamos entender perfeitamente como um afeto depressivo. O passado se estende para o futuro – e não podemos abrir mão dele, porque ele passa a ocupar o lugar do futuro. É uma vida sob o ditado do tempo: da estagnação, mas também do passado. Disso resulta um sentimento de vida, que as pessoas depressivas costumam descrever: O mundo não importa, o eu se sente desvalorizado, e a vida parece sem sentido. Esse sentimento pode resultar também em destruição de si mesmo ou do mundo, se ainda restar energia suficiente para isso.

No entanto, podemos reconhecer nessa visão da vida também um programa de desenvolvimento: Quando nada tem sentido, precisamos encontrar significado, i.e., acesso às emoções e aos sentimentos. Emoções dão sentido ao mundo, e não só o medo, que confere ao mundo o sentido da ameaça, mas também curiosidade, interesse, alegria, inspiração, esperança: sentimentos estes que nos vitalizam e que nos fazem agir no mundo, de forma que o eu deixa de ser percebido como desprovido de valor em sua autoeficácia. Nisso se revela o sentido ou pode ser procurado e vivenciado sempre de novo. Para nós, a vida tem sentido quando ela está em ressonância, quando nos sentimos em ressonância com outras pessoas, com a natureza, com a arte. Quando vivemos com todos os nossos sentidos, raramente perguntamos pelo sentido.

Mas a pessoa depressiva está muito distante disso. Segundo Spinoza, o homem se encontra nas garras da tristeza – e isso seria a depressão, compreendida como tristeza generalizada – separada do desejo de autopreservação[125]. Normalmente, porém, o desejo de experiências de sentido continua presente; às vezes, constatamos um verdadeiro vício por sentido. Trata-se, porém, de uma fantasia de um sentido abrangente, que forneceria um sentimento de segurança; é, no fundo, uma necessidade espiritual. Essas grandes experiências de sentido "redimiriam" a pessoa depressiva. Grandes expectativas de sentido costumam conter uma decepção: Esperamos delas a segurança última, mas esta sempre é passageira. Faria mais sentido procurar as pequenas experiências de sentido, como aquelas que vivenciamos quando percebemos o mundo com todos os sentidos. Na terapia com pessoas com depressões graves procuramos estimular os sentidos; oferecemos, por exemplo, uma fruta que elas devem cheirar e, depois, comer. Isso parece muito pouco, mas é um começo, o início de um retorno para a vida[126]. Fazemos experiências de sentido tam-

---

125. Ibid.

126. SPINOZA, B. (1905, 1963). *Die Ethik nach geometrischer Methode dargestellt*. Hamburgo: Felix Meiner, p. 226 [Trad. de O. Baensch].

A alma precisa de tempo

129

bém quando figuramos algo, quando fazemos algo que acreditamos corresponder com os nossos valores – por exemplo, ajudando outra pessoa ou fazendo algo que nos deixe orgulhoso, que nos preencha com alegria, com alegria orgulhosa, principalmente quando aquilo estimula ainda mais o nosso interesse. Vivenciamos então uma recompensa intrínseca. Nosso centro de recompensa, que é também nosso centro de prazer, é ativado. O centro de recompensa libera opiáceos[127].

Mas se, mesmo assim, não encontrarmos sentido? Quando o ser humano sente a necessidade fundamental de vivenciar sentido, isso significa que essas experiências de sentido nem sempre são acessíveis e precisam ser buscadas sempre de novo. Os seres humanos são buscadores de sentido. Talvez isso esconda já uma experiência de sentido: No momento, não conseguimos encontrar um sentido – e mesmo assim continuamos a viver. Isso significa por sua vez, que, em algum lugar, sabemos que o sentido pode ser encontrado, mas também que ele pode ser perdido.

No ambiente da psicoterapia, lidamos com muitas pessoas que sofreram algum golpe do destino e que, em decorrência deste, perderam o sentido da vida, que se encontram em situações da vida em que não conseguem vivenciar sentido. Por quê? Por que isso teve que acontecer justamente comigo? Estas são perguntas sem respostas. A psicoterapia não consegue criar sentido num passe de mágica. Muitas vezes, o primeiro passo é aprender a viver mesmo sem experiências de sentido. Viver uma "vida sem porquê" (Mestre Eckhardt) pode ser uma experiência essencial. Num segundo passo, a pessoa

---

127. RIEDEL, I. (2007). "Das Leben schmecken". In: NEUEN; RIEDEL & WIEDEMANN (orgs.). *Sinne, Sinnlichkeit, Sinn*. Düsseldorf: Patmos, p. 13.

precisa se confrontar com aquilo que lhe aconteceu. Sentido pode ser vivenciado também quando aprendemos a lidar de forma competente e criativa com adversidades. A inclusão do inconsciente pode permitir um novo crescimento pessoal que nos ajuda a lidar melhor com dificuldades imprescindíveis e a vivenciar sentido justamente nisso.

Vivenciamos sentido também quando compreendemos o mundo de forma simbólica. Símbolos representam a situação real e concreta, mas remetem também a um significado que transcende a situação, inserindo uma experiência num contexto maior. A falta de referência a um futuro com possibilidades de desenvolvimento, que pode ser identificada na depressão, é questionada pela visão simbólica. Símbolos têm um vínculo com o passado, até mesmo com o passado da humanidade, não só com o passado individual, e assim nos permitem compreender algo. Mas eles contêm também sempre algo irresolvido, algo que remete ao futuro, um desafio para a nossa reflexão e nossos sentimentos. Esse modo de visão é interessante para a maioria das pessoas, ele estimula o interesse.

Assim, a depressão pode ser vista também como símbolo para todo o processo de vida atual no qual a pessoa depressiva se encontra. Disso resulta não só a pergunta por que a depressão existe agora, mas também – do ponto de vista simbólico: O que essa depressão espera da pessoa depressiva? Se virmos as depressões diagnosticadas com mais frequência também como consequência de processos sociais, precisamos perguntar: O que precisa ser desenvolvido para que as pessoas consigam lidar melhor com esse desenvolvimento, o que ele espera de todos nós? Precisamos recuperar o equilíbrio entre os mundos exterior e interior, entre intelecto e senti-

A alma precisa de tempo 131

mento, entre eficácia e sentido. As necessidades do mundo interior não podem ser negligenciadas.

Aproximar-se da depressão pela via simbólica significa falar sobre a própria constituição e sobre a emocionalidade predominante, não no sentido de aspectos pré-fabricados (Illouz), mas na luta pela expressão mais exata possível, na busca de uma narrativa precisa relacionada a imaginações e vinculada a emoções, que nos permite compartilhar com outros o que se passa dentro de nós. Ou poderíamos entendê-lo como apelo a todos: voltar a conversar uns com os outros de forma autêntica, acreditar que aquilo que temos a dizer mereça ser dito, provocar alegria e permitir mais calor nos relacionamentos. A fala precisa resulta de uma percepção paciente e atenta daquilo que está dentro de nós – e essa percepção precisa gera tranquilidade e paz na situação. Toda pressão e correria dentro de nós, porém, se revolta diante desse apelo: Queremos informar uns aos outros rapidamente – mas contar algo com paciência ao outro ou ouvir com paciência? É claro que precisamos de informações rápidas e de uma comunicação transparente – mas nem sempre e não em todas as situações. Precisamos diferenciar: Quando precisamos ser rápidos, quando podemos demorar? Quando precisamos tomar tempo?

Entendo o tédio e a depressão como desafio de ocupar-se com os interesses verdadeiros, de procurá-los. Precisamos valorizar e reencontrar a vitalidade, a capacidade de estar em ressonância.

O exemplo da depressão evidencia o quanto a determinação alheia nos ameaça, como é cada vez mais difícil ser si mesmo se nos entregarmos aos fluxos coletivos e como é fácil render-se à autoexploração. Essa perda traz também uma perda de sentido, a autoeficácia diminui. Nisso se revela como é difícil encontrar valores próprios que nos orientam e transmitem um sentido.

Não se trata em primeira linha de uma administração de tempo, de tomarmos tempo para o ócio, para o corpo e para os relacionamentos, mas de aguentar as tensões entre o tempo globalizado e digitalizado e o tempo rítmico. Assim, fica mais fácil desenvolver uma conduta que permita viver ambos os tempos.

6 O que preserva nossa saúde

Como é que podemos preservar nossa saúde mesmo diante de experiências difíceis, estresse, pressão e falta de experiências profundas? O que podemos identificar como força de resistência? Esta foi a pergunta de Antonovsky, a pergunta da salutogênese. Como um dos recursos mais importantes, Antonovsky identifica a experiência de sentido, que permite um desenvolvimento e torna o futuro desejável: Essa é a consequência dos recursos de resistência. Antonovsky vê a experiência de confiança por meio desses recursos de resistência como possibilidade de tornar as pessoas mais resistentes e de capacitá-las a lidar melhor com circunstâncias difíceis da vida, para assim preservar ou também recuperar a saúde. Antonovsky chamou essa experiência de sentido de *sense of coherence*, de senso de coerência.

Possuir um forte senso de coerência significa vivenciar um sentimento fundamental de confiança, mesmo que ele seja questionado sempre de novo. Segundo Antonovsky, essa confiança é gerada quando as informações que vêm ao indivíduo dos mundos interior e exterior são previsíveis, compreensíveis, explicáveis e estruturadas (i.e., claras), de forma que o indivíduo consegue entender a si mesmo e também aquilo que está acontecendo em torno dele e saber como lidar com tudo isso. Hoje, isso é um desafio e exige percepção própria, autor-reflexão, mas também o diálogo esclarecedor e encorajador com outros. Nesse caso, o indivíduo possui os recursos dentro de si mesmo para enfrentar esses desafios e para vivenciá-los como algo que faça sentido e pelo qual vale a pena se empenhar[128]. Segundo Antonovsky, não somos simplesmente saudáveis, antes oscilamos constantemente entre permanecer saudável e ficar saudável.

O senso de coerência é importante num tempo em que o pensamento focado na atualidade é tão predominante[129].

O criativo e a paciência

O criativo precisa de seu tempo, de seu ritmo. O fato de algo novo surgir é a expressão verdadeira do aspecto vivo da alma: para o indivíduo, mas também para a sociedade. É também a expressão visível da ressonância: Os mundos interior e exterior se unem numa nova criação.

Cito aqui o poeta alemão Rilke em sua carta de 23 de abril de 1903 a Franz Xaver Kappus[130]. O jovem poeta pergunta como uma obra pode surgir: "Permita aos seus juízos seu próprio desenvolvimento quieto e imperturbado, que, como todo progresso, precisa vir da profundeza do interior e que não pode ser pressionado ou acelerado por qualquer coisa. Tudo é amadurecer e então parir. Permitir que cada impressão, cada semente de um sentimento se aperfeiçoe em si mes-

---

128. ROTH, G. (2012). *Entscheidungsfindung* – Preleções 15 a 20 de abril de 2012. Müllheim: CD Auditorium Netzwerk. Preleção 5.

129. ANTONOVSKY, A. (1997). *Salutogenese* – Zur Entmystifizierung der Gesundheit. Tübingen: DGVT, p. 36.

130. ERIM, Y. (2013). "Antonovskys Konzept der Salutogenese". *PiD* – Psychotherapie im Dialog, 1, p. 44-47.

A alma precisa de tempo   135

mo, na escuridão, no indizível, no inconsciente, naquilo que é inalcançável para a própria razão, para aguardar com humildade e paciência a hora do nascimento de uma nova clareza: isso significa viver de forma artística: tanto no compreender quanto no criar. Aqui não existe medição de tempo, não há ano, e dez anos são nada, ser artista significa: não computar nem contar; amadurecer como a árvore, que não pressiona seus sucos e que enfrenta as tempestades da primavera, confiante e sem o medo de que o verão não virá. Ele virá. Mas ele só virá para os pacientes, que estão aqui como se a eternidade os esperasse, sem preocupação na calada da vastidão. Eu aprendo diariamente, aprendo sob dores, aos quais sou grato: *Paciência* é tudo!"

Paciência – saber esperar até chegar o bom momento, deixar crescer, deixar amadurecer, confiar que algo está crescendo, que o verão virá.

O que Rilke descreve aqui corresponde às teorias do criativo: O processo criativo é iniciado por um problema, que não pode ser resolvido com os meios tradicionais, mas que uma pessoa deseja resolver desesperadamente. Primeiro, ela reúne material no contexto do problema, na esperança de poder encontrar uma solução tradicional. Em algum momento, ocorre um grau de saturação, o pesquisador se sente desencorajado, ele abandona o problema, mas ele continua a "ferver" em seu interior. Na teoria da criatividade, falamos da fase de incubação. Nessa fase, o problema é processado no inconsciente; no consciente, as pessoas se sentem frustradas, incapazes, irritadas, nervosas, duvidam de seu valor próprio e de sua competência. Isso provoca medo porque afeta também a autoestima, a falta de ideias pode causar impedimentos e perdas (de reputação, carreira, autoimagem). Isso obstrui ideias novas, que normalmente encerram essa fase – sofremos de um bloqueio de criatividade, que está vinculado ao medo e que, muitas vezes, exige uma intervenção de crise. Quando o medo for menor, a fase de incubação é encerrada por uma ideia, que toma forma repentinamente ou aos poucos e que então precisa ser formulada, aprovada ou rejeitada. O momento da ideia é um momento muito especial, um feliz acaso. Essas ideias precisam ser provadas na vida real, precisam demonstrar sua utilidade – caso contrário, o processo volta ao início. Na fase de incubação, precisamos ter paciência, paciência e a confiança de que em algum momento teremos uma ideia. O tempo exerce um papel importante: Evidentemente, a paciência não é tudo, como alega Rilke, mas sem a paciência esses processos no inconsciente – poderíamos dizer também: na inspiração – não ocorreriam. Existe no processo criativo um objetivo claro, que, no princípio, tentamos realizar com todo foco. E depois precisamos de ócio, precisamos deixar nos levar no contexto do desafio criativo – até o bom momento ocorrer.

O bom momento: *kairós*

Kairós, supostamente o filho caçula de Zeus, era responsável pelo momento certo, pelo momento bom, pelos acasos felizes. Existe dele uma estátua que se encontrava na entrada da pista de corridas do Olimpo: Um jovem, na mão direita uma adaga, na mão esquerda uma balança, asas nos pés, e apoiado numa esfera com os dedos do pé[131]. Seu parentesco com Hermes – expressado pelas asas nos pés – é inconfundível. Hermes, que está sempre a caminho, o deus dos viajantes e

---

131. RILKE, R.M. (1903). *Briefe an einen jungen Dichter* – Brief an Franz Xaver Kappus, 23/04/1903 [Disponível em www.rilke.de/briefe/170203.htm].

dos vagantes, mas também o deus mensageiro, a ligação entre céu e terra e também entre a terra e o submundo em sua função de acompanhante dos mortos. É um deus das transições. Ele é venerado nos montes de pedra que apontam o caminho em cruzamentos. Achados felizes, mas também a apropriação desses achados pertencem ao campo de responsabilidade de Hermes, ele é responsável também pelas descobertas na área intelectual, pela hermenêutica e pelas invenções. Ele é padroeiro dos inventores, dos intelectuais, dos oradores, dos ladrões e dos comerciantes. Ele é também o deus que envia os sonhos. Um deus eternamente vagante, sempre em movimento – ele só pode ser vislumbrado por um instante, depois desaparece. Mas nesse encontro momentâneo, a vida daqueles que o encontram é transformada – o bom momento. Kairós e Hermes formam um par, Kairós é responsável pelo bom momento, pelo feliz acaso, Hermes é responsável pelo espaço de vida mais abrangente, que possibilita esses felizes acasos.

Todos nós sabemos: Este bom momento existe em todas as áreas da vida: quando cozinhamos, quando jogamos bola, quando fazemos uma intervenção durante uma discussão, quando plantamos, quando colhemos, quando escrevemos uma carta importante – e quando conseguimos agarrá-lo, normalmente as coisas mudam para melhor. Este bom momento existe também em mudanças psicológicas, no desenvolvimento da alma. E também em experiências de importância existencial este bom momento exerce um papel: De repente encontramos a pessoa com a qual queremos envelhecer.

Kairós simboliza um princípio da vida humana: a experiência do bom momento, do acaso feliz. Visto que este bom momento é tão importante, ele é simbolizado por um deus. Isso expressa também que esse bom momento não pode ser produzido. O momento certo nos ocorre, precisamos percebê-lo, aproveitá-lo e então agir. Ponderar e agir – essa seria uma interpretação simples dos símbolos da balança e da adaga, que Kairós segura em suas mãos. As asas nos dizem que esse deus se faz presente apenas por um instante.

Mas talvez seja possível posicionar-se na vida de forma a facilitar o encontro com Kairós – ou com Hermes na função de Kairós. Precisamos reconhecer o bom momento, mas precisamos também agarrá-lo. O bom momento está intimamente vinculado ao *carpe diem*. Quando estamos atentos ao que se passa no mundo interior, mas também ao que acontece no mundo exterior, sentiremos que, de repente, os mundos interior e exterior estão em harmonia um com o outro – o bom momento para agir, para conversar sobre um problema chegou. Aproveitar o bom momento nos permite também desfrutar o momento: este momento único e maravilhoso. Talvez seja um momento de profunda alegria, talvez seja um momento no qual nos sentimos unidos com tudo que existe no mundo: um momento de intensidade, do envolvimento completo com a vida, talvez um momento de presença plena.

Viver criativamente

Tornar-se são significa para Jung conectar-se com o princípio criativo que permeia tudo na vida, de estar no fluxo do devir e do morrer. Então a pessoa passa a viver numa postura criativa, ela passa a ter acesso aos seus recursos, então as forças de autocura podem começar a agir na pessoa[132].

A criatividade se apoia na força de imaginação criativa. Para C.G. Jung, esta é de importância central: Quando o ser

---

132. *Wörterbuch der Mythologie* [Biblioteca digital].

humano é criativo, ele cria também a si mesmo[133]. Jung acredita que o eu humano não poderia viver sem a criatividade, ele precisa provar sua existência inventando algo, fazendo algo próprio, extraordinário, talvez até algo perigoso[134]. Ele vê os impulsos criativos – dos quais fazem parte também os impulsos imaginativos – como possibilidades de criar personalidade. No processo de individuação, precisamos nos conscientizar dos impulsos criativos. Esses impulsos criativos provêm essencialmente de imaginações, sonhos, ideias. A força de imaginação não só nos faz lembrar do passado, ela não só nos permite imaginar o futuro em lindas cores, ela nos mostra também aquilo que tememos e os conflitos que se escondem por trás de nossas irritações. Ela abre novos espaços, transmite esperança e nos ajuda a sobreviver, ou melhor, nos ajuda a viver. É um recurso importante. Entendo a palavra "recurso" num sentido amplo; entendo-a como fontes dentro de nós às quais podemos recorrer, que nos dão acesso à autoajuda, à autoeficácia, mas também à regulamentação dos sentimentos, e sempre de novo também a ideias novas acompanhadas de um sentimento da esperança temerosa. A qualidade de vida melhora, o sentido pode ser vivenciado, voltamos a ter segurança e competência.

A importância da arte

Quando perguntaram à escritora Christa Wolf por que ela escrevia, ela respondeu: "O terror diante de como, nas sociedades industrializadas, funciona a seleção das forças e ambi-

---

133. JUNG, C.G. GW 15, § 115.

134. JARRETT, J.L. (1988). *Nietzsche's Zarathustra* – Notes of the Seminar given in 1934-1939 by C.G. Jung. Princeton: Princeton University Press [Bollingen Series].

ções 'úteis' a expensas de suas necessidades e desejos 'inúteis' e a tristeza sobre as consequências dessa separação e amputação certamente influem sobre a minha escrita. Creio que hoje a arte seja o único refúgio e, ao mesmo tempo, o único campo de experimento para a visão de um ser humano holístico [...]. Se é como as pessoas do futuro dos países industrializados – cujas necessidades são distorcidas e satisfeitas com produtos substitutos – se lembrarão da abundância de possibilidades humanas e, portanto, também da arte, isso eu não sei"[135].

A arte é importante, entre outras coisas, porque processa os problemas sociais, também os traumas. Mas a arte é importante também para esboçar o futuro. Artistas procuram visualizar problemas de seu jeito característico e oferecer soluções ou impulsos para soluções. Isso é evidente na literatura. Ela trata de problemas que as pessoas tiveram desde sempre na forma de histórias, que refletem o respectivo espírito do tempo. Verbaliza sempre também aquilo que o pensamento atual, aquilo que "se" pensa, aquilo que está na moda, exclui e menospreza. A arte fala de tabus, coisas recalcadas, excluídas que também fariam parte do todo.

Pessoas que vivem em contato com a arte conseguem, em ressonância com os temas representados pelos artistas e com as respectivas emoções, perceber e refletir sobre esses temas e essas emoções também em sua própria vida. Trata-se da "abundância de possibilidades humanas", do acesso às possibilidades imaginativas em geral. Para Christa Wolf era importante que as pessoas entendessem também a imaginação como força produtiva[136].

---

135. Ibid., p. 937.

136. WOLF, C. (1987). *Die Dimensionen des Autors*. Munique: Luchterhand.

A alma precisa de tempo 141

Para C.G. Jung, o processo criativo consiste de uma vivificação de padrões e emoções arquetípicas, que representam as necessidades e capacidades fundamentais do ser humano. O processo criativo se expressa em fantasias, onde "a imaginação criativa age livremente"[137]. Quando a concretização da fantasia traduz o padrão arquetípico para a "linguagem do presente"[138] por meio de imagens correspondentes, todas as pessoas podem compartilhar dessas "fontes". O que ocorre é uma possível vivificação, uma descoberta de recursos intermediada pelos artistas. "Esta é a relevância social da arte: ela investe constantemente na educação do espírito do tempo, pois ela evoca aquelas figuras que mais faltavam ao espírito do tempo"[139].

A expressão "educação do espírito do tempo", ou também do artista como "educador de sua era", pode nos parecer exagerada. A ideia, porém, é válida: trata-se de encontrar aquilo que determinada situação temporal excluiu e baniu. Artistas podem ser mais sensíveis do que a pessoa mediana, talvez sejam também mais desequilibrados, mas certamente conseguem representar e formular melhor aquilo que a fantasia lhes inspira. Os não artistas podem, de certa forma, "adotar" a abordagem dos artistas e assim encontrar sua própria vivacidade e também o seu próprio sentido. Porém, não devemos esquecer: todas as pessoas têm acesso a fantasias, se

---

137. GIDION, H. (1990). "'Wenn wir aufhören zu wünschen, kommt, was wir fürchten, bestimmt' – Vom Sinn des Schreibens und vom Schreiben über Sinn bei Christa Wolf". In: PFLÜGER, P.M. (org.). *Die Suche nach Sinn heute*. Olten: Walter, p. 229-248.

138. JUNG, C.G. (1922, 1971). "Über die Beziehungen der analytischen Psychologie zum dichterischen Kunstwerk". *GW* 15, § 127, p. 93.

139. JUNG, C.G. *GW* 15, § 130.

elas tomarem tempo para isso e se considerarem esse acesso importante o bastante. Existe aqui uma fonte de vivacidade, que jorra.

Encontramos a alma na imaginação com seus sentimentos, na força de imaginação, que abre espaços para o futuro se ela receber o apoio das emoções. E não esqueçamos: imaginações vivas de pessoas diferentes podem se unir para criar algo novo. Nunca sabemos o que o futuro trará, e a confiança de que tudo ficará bem também já viveu momentos melhores. Nós que vivemos nos dias de hoje precisamos aprender a lidar com essas incertezas. Conseguimos fazê-lo quando confiamos na força criativa das imaginações, na ideia de que somos capazes de moldar a vida, e não só reagir. Para isso, porém, é imprescindível relacionar-nos com outras pessoas, interagir e compartilhar com os outros, e também falar sobre como queremos viver, em que desejamos investir o nosso tempo.

7 O que nutre a alma

Uma meta poderia ser: ter tempo para a alma. Ter tempo, respirar lentamente, desfrutar nossas experiências – ou, quando forem experiências difíceis, absorvê-las calmamente e, depois, soltá-las.

O homem do fim da Modernidade "não tem uma meta diante dos olhos, mas um monstro dentro de si"[140], como diz Hartmut Rosa. Qual seria a alternativa? Deixar os monstros para trás, não correr e não deixar se pressionar, mas conseguir sentar-se de vez em quando, ter tempo para a ressonância, para o convívio: envolver-se emocionalmente com a vida – a própria e a dos outros – e assim vivenciar intensidade – isso poderia ser uma meta. Desfrutar os momentos, mas também aquilo que perdura, criar raízes a despeito de toda dinâmica, tentar sempre de novo estabelecer um equilíbrio na própria vida entre aquilo que perdura e aquilo que precisa mudar.

Cada vivência vem acompanhada de emoções, e é possível aperceber-se disso conscientemente como sentimentos vinculados a imaginações. Isso anima a alma, nós nos sentimos vivificados. E quando assumimos uma postura empática em relação a nós mesmos, damos espaço e significado a essas per-

---

140. Ibid., § 130.

cepções. Fortalecemos assim a nossa participação emocional: Tornamo-nos ainda mais vivos. Essa experiência é especialmente significativa quando se trata das chamadas emoções elevadas, i.e., alegria, curiosidade, interesse, esperança, inspiração. Estes sentimentos servem não só à sobrevivência, mas também ao bem-estar. Muitas vezes, porém, são justamente esses sentimentos que percebemos apenas de passagem – eles não nos alertam a um perigo. Mas visto que esses sentimentos são recursos importantes, visto que eles nos estabilizam e assim nos ajudam a lidar com eventos difíceis e condições sociais, é importante dar-lhes mais espaço na consciência e no nosso sentimento de vida.

Para Spinoza, por exemplo, é a alegria que nutre a alma. Baruch Spinoza (1632-1677) desenvolveu uma teoria abrangente sobre os afetos, que se apoia na *laetitia* (alegria)[141] e na *tristitia* (tristeza). Em sua teoria, a alegria, que corresponderia hoje mais ou menos às emoções elevadas, é a emoção "por meio da qual a alma alcança uma perfeição maior. Chamo o afeto da alegria, em relação à alma e ao corpo, também de prazer ou descontração; e o afeto da tristeza [...], de dor ou melancolia"[142]. "Perfeição" se evidencia como harmonia, como força, como liberdade de ação. E Spinoza acredita que a alma busca esse afeto. "A alma busca, o máximo possível, imaginar aquilo que aumenta ou incentiva a eficácia do corpo"[143]. E o que aumenta a eficácia do corpo é a alegria. Imaginações que provocam alegria nutrem, aparentemente, a alma. A efi-

---

141. ROSA, H. (2011) "Beschleunigung und Depression – Überlegungen zum Zeitverhältnis der Moderne". *Psyche* – Z Psychoanal, 65, p. 1.059,

142. KAST, V. (1991, 2013). *Freude, Inspiration, Hoffnung*. Ostfildern: Patmos.

143. SPINOZA, B. (1905, 1963). *Die Ethik nach geometrischer Methode dargestellt*. Hamburgo: Felix Meiner, p. 121 [Trad. de O. Baensch].

cácia do corpo é a vivacidade, hoje nós diríamos: a presença de um ser humano. Mas ela gera também suas ideias e suas motivações, suas paixões, o desejo de se realizar na vida, de fazer algo[144].

A alma precisa de tempo para aquilo que nos alegra. As pessoas anseiam o reavivamento, elas querem se sentir animadas e inspiradas, sentir coragem, sentir-se vinculadas a outras pessoas, sentir segurança na vida. Isso acontece quando permitimos e vivenciamos a alegria. Os grandes sentimentos que buscamos na verdade nem sempre são acessíveis e podem ser também desgastantes. E não precisamos deles sempre. Sentimentos pequenos também servem. Quando nos apercebemos conscientemente da alegria, ela nos anima e pode ser reativada sempre de novo. Nós vivenciamos alegria quando algo sai melhor, mais bonito, mais enriquecedor do que esperávamos. Quando nos alegramos, nós nos aceitamos e aceitamos também os outros, o mundo, a vida. Deixamos de correr atrás de algo que nos falta. Não há escassez, mas abundância, e disso resulta solidariedade com outras pessoas. Disso resulta também gratidão. Quando nos alegramos, vemos não a falta, mas a plenitude. Quando nos alegramos, é fácil estar em ressonância com nosso mundo interior, mas também com o mundo ao nosso redor e com os próximos. Na alegria somos mais amorosos, mais carinhosos, mais esperançosos, mais corajosos. Mas vale também o contrário: Quando interagimos conosco e com o mundo, da forma como ele se apresenta no momento, ele nos afeta e nos contagia com a alegria.

Quando contemplamos algo lindo, tomamos tempo para isso – e dentro de nós despertam vários sentimentos que nos

---

144. Ibid., p. 122.

animam. Quando ouvimos música que gostamos, nós nos sentimos vivificados. Quando nos interessamos por algo e investimos tempo naquilo, aumenta também o nosso interesse e isso nos vivifica cada vez mais. Podem ser sentimentos pequenos, mas são eficazes. Eles permitem uma vida emocional viva e geram imaginações encorajadoras. E esses sentimentos trazem satisfações reais.

Às vezes, a alegria pequena se transforma em alegria grande e abrangente. Fazemos uma caminhada porque precisamos de movimento – em primeira linha não porque temos o desejo de contemplar o mundo. E, de repente, nos vemos diante de uma cerejeira em flor, e a beleza dessas flores nos cativa. Dentro de nós surge uma abundância de sentimentos e lembranças ligadas a cerejeiras – e então paramos de pensar: De repente, somos um com a árvore, um com a vida como um todo – por um instante. Acolhidos por um maravilhoso sentimento.

Esse tipo de momentos ocorre principalmente na presença daquilo que nos parece lindo e belo.

Quando vemos algo belo, quando ouvimos algo lindo – algo tão intenso que chega a prender nossa respiração – estamos inteiramente conscientes e na presença dessa beleza. Por um instante, estamos em perfeito equilíbrio, estamos conectados com os mundos interior e exterior – é um momento verdadeiramente místico. Não perguntamos pelo sentido, pois o sentido é vivenciado em cada fibra do nosso corpo. É a vivência da eternidade no presente. Evidentemente, essa experiência não pode ser produzida, mas podemos nos sensibilizar para ela. Podemos obedecer ao nosso anseio pelo belo e buscar a ressonância com a beleza. Buscar o belo, sempre de novo. E isto também poderia ser uma meta: multiplicar a

A alma precisa de tempo 147

beleza na vida, neste mundo, não o feio, mesmo sabendo que o belo e o feio sempre andam juntos.

Mas já ouço a objeção: Mas podemos nos dar a esse luxo no mundo de hoje, dar mais tempo à alma e até mesmo compreender a alma como "órgão"? Como órgão que exige atenção e cuidados, para que o mundo não se torne um lugar frio, para que não percamos nossa vivacidade e nossa capacidade de manter relacionamentos?

Ouço o suspiro de uma jovem mulher: "Eu até gostaria de dedicar mais tempo à minha alma, adoro me entregar a fantasias. Eu até gostaria de estar em ressonância com a natureza e com as coisas – acho que as amaria mais. Fico imaginando também como eu terei mais tempo para a alma quando alcançar minhas metas na profissão e com a família. Mas neste momento: quando imagino reservar tanto tempo para a alma quanto para o esporte, fico aterrorizada: O que perderei na vida externa? Os outros me ultrapassarão? Já quase não consigo acompanhar a vida com tudo que ela exige de mim. Ainda poderia ter uma carreira?"

E ela mesma responde: "Creio que preciso correr o risco. Se eu sofrer um *burnout*, eu também perderei muito. Falando nisso: Sempre perdemos muito nessa vida. E essa correria toda sufoca qualquer criatividade.

Talvez eu consiga convencer minhas amigas dessa ideia. Se o grupo aprovar, será mais fácil."

Imagine-se velho, talvez muito velho: O que você faria diferente se você pudesse começar mais uma vez? Em que você investiria seu tempo? "Andar mais descalço, sentir a grama, a lama e as pedras." "Levar mais a sério os meus desejos – passar mais tempo na natureza." "Ter tempo para ouvir os pássaros cantar de manhã – e às vezes eu me vivenciaria com eles num mesmo cosmo." Estas são algumas respostas espontâneas de algumas mulheres contemporâneas.

E por que esperar com a realização desses desejos?

Ainda há tempo.

Ainda temos tempo.

Agradecimentos

Este livro é, em grande parte, um diálogo interno com autores, alguns dos quais morreram há muito tempo, que se ocuparam com tempo, imaginação e emoção. Em ressonância com eles, tentei formular os meus pensamentos. Sou grata a todos eles – pelos muitos impulsos.

Agradeço a todos que me permitiram incluir suas declarações espontâneas neste livro.

Agradeço também de coração a Karin Walter pela cooperação, que, como sempre, é agradável e inspiradora.

Verena Kast

Referências

ANTONOVSKY, A. (1997). *Salutogenese* – Zur Entmystifizierung der Gesundheit. Tübingen: DGVT.

ARISTÓTELES. *De anima*. Livro III, 427b, p. 18-20.

BAUER, J. (2005). *Warum ich fühle, was du fühlst* – Intuitive Kommunikation und das Geheimnis der Spiegelneurone. Hamburgo: Hoffmann und Campe.

BENEDETTI, F. (2007). "Wundermittel im Kopf". *Spiegel*, 26-27/06/2007.

BENJAMIN, W. (1974). "Charles Baudelaire – Ein Lyriker im Zeitalter des Hochkapitalismus". *Gesammelte Schriften*. Vol. 1. Frankfurt a. Main: Suhrkamp [org. de R. Tiedemann e H. Schweppenhäuser].

BINSWANGER, D. (2012). "Der Feinstoffliche". *Das Magazin*, 33, 2012.

BUBER, M. (1979). "Ich und Du". *Das dialogische Prinzip*. Heidelberg: Lambert Schneider.

BUSCHE, H. (2005). Apud HÖFFE, O. (org.). *Aristoteles Lexikon*. Stuttgart: Kröner.

DAMASIO, A.R. (2011). *Selbst ist der Mensch* – Körper, Geist und die Entstehung des menschlichen Bewusstseins. Munique: Siedler.

_____ (2000). *Ich fühle, also bin ich* – Die Entschlüsselung des Bewusstseins. Munique: List.

DORNES, M. (2012). *Die Modernisierung der Seele*: Kind – Familie – Gesellschaft. Fischer Taschenbuch.

EHRENBERG, A. (2004). "Das erschöpfte Selbst – Depression und Gesellschaft in der Gegenwart". Frankfurt a. Main: STW.

ERIM, Y. (2013). "Antonovskys Konzept der Salutogenese". *PiD* – Psychotherapie im Dialog, 1/2013, p. 44-47.

FONAGY, P. (2003). Bindungstheorie und Psychoanalyse. Stuttgart: Klett-Cotta.

FURGER, P. (2012), "Halt doch nur ein Märchen". *NZZ am Sonntag*, 15/07.

GEISSLER, K. Palestra de 6 de setembro de 2012 no simpósio na clínica de Hohenegg: *Tudo tem seu tempo, só eu que não tenho nenhum.*

_____. (2011). *Alles hat seine Zeit, nur ich habe keine*. Munique: Oekom.

GERGEN, K.J. (2002). *Konstruierte Wirklichkeiten* – Eine Hinführung zum sozialen Konstruktivismus. Stuttgart: Kohlhammer.

GIDION, H. (1990). "'Wenn wir aufhören zu wünschen, kommt, was wir fürchten, bestimmt' – Vom Sinn des Schreibens und vom Schreiben über Sinn bei Christa Wolf". In: PFLÜGER, P.M. (org.). *Die Suche nach Sinn heute*. Olten: Walter, p. 229-248.

A alma precisa de tempo

HAHN, U. (2012). "Warum ich Gedichte schreibe". *Tagensanzeiger*, 10/12/2012, p. 25.

HAN, B.-C. (2009). *Duft der Zeit* – Ein philosophischer Essay zur Kunst des Verweilens. Bielefeld: Transcript.

HEIDEGGER, M. (1963, 1927). *Sein und Zeit*. Tübingen: Max Niemeyer.

IACOBONI, M. (2008). *Woher wir wissen, was andere denken und fühlen* – Die neue Wissenschaft der Spiegelneuronen. Munique: DVA.

ILLOUZ, E. (2011). *Warum Liebe weh tut*. Berlim: Suhrkamp.

_____ (2006, 2007). *Gefühle in Zeiten des Kapitalismus*. Frankfurt a. Main: STW.

IZARD, C.E. (1981). *Die Emotionen der Menschen*. Weinheim/ Basileia: Beltz.

JAFFÉ, A. (1962). *Erinnerungen, Träume, Gedanken von C.G. Jung*. Zurique: Rascher.

JARRETT, J.L. (1988). *Nietzsche's Zarathustra* – Notes of the Seminar given in 1934-1939 by C.G. Jung. Princeton University Press [Bollingen Series].

JIMÉNEZ, J.R. (1979). *Falter aus Licht* – Gedichte. Wiesbaden/ Munique: Limes [Sel. e trad. de E. Schönwies].

JUNG, C.G. (1958-1981). *Gesammelte Werke* (*GW*). Olten: Walter [org. De Jung-Merker, Rüf, Zander et al.].

KANT, I. (1781). *Kritik der reinen Vernunft* – Einheit des Ich und Kategorien. Hamburgo: Felix Meiner [2. ed., 1987] [Reeditado por Raymund Schmidt com base na 1. e 2. ed. originais].

KAST, V. (2013a). "Der Mythos von Sisyphos: Der andere Blick". In: LAMBE, A.; ABILGAARD, P. & OTTOMEYER, K. (orgs.) (2013). *Mit beiden Augen sehen*: Leid und Ressourcen in der Psychotherapie. Stuttgart: Leben Lernen/Klett-Cotta.

_____ (2013b). *Trauern* – Phasen und Chancen des psychischen Prozesses. Friburgo: Kreuz.

_____ (2012a). *Imagination* – Zugänge zu inneren Ressourcen finden. Ostfildern: Patmos.

_____ (2012b). *Zuversicht* – Wege aus der Resignation. Friburgo: Herder.

_____ (2009a). *Paare* – Wie Fantasien unsere Liebesbeziehungen prägen. Stuttgart: Kreuz.

_____ (2009b). *Wie Fantasien unsere Liebesbeziehungen prägen*. Stuttgart: Kreuz.

_____ (2008, 2012). *Konflikte anders sehen* – Die eigenen Lebensthemen entdecken. Friburgo: Herder Spektrum.

_____ (2007). *Die Tiefenpsychologie nach C.G. Jung*. Stuttgart: Kreuz.

_____ (2006, 2012). *Träume* – Die geheimnisvolle Sprache des Unbewussten. Düsseldorf: Patmos.

_____ (2004). *Sisyphos* – Vom Festhalten und Loslassen. Stuttgart: Kreuz.

_____ (2001, 2011 [nova edição]). *Interesse und Langeweile als Quellen schöpferischer Energie*. Ostfildern: Patmos.

_____ (1999, 2012). *Der Schatten in uns* – Die subversive Lebenskraft. Ostfildern/Munique: Patmos, DTV.

A alma precisa de tempo 155

_____ (1998, 2012). *Abschied von der Opferrolle.* Spektrum: Herder.

_____(1996a, 2011). *Vom Sinn der Angst.* Friburgo: Herder/ Spektrum.

_____(1996b, 2011). *Vom Sinn des Ärgers.* Friburgo: Herder/ Spektrum.

_____. (1991, 2013). *Freude, Inspiration, Hoffnung.* Ostfildern: Patmos.

MARKOWITSCH, H.J. (2002). *Dem Gedächtnis auf der Spur.* Düsseldorf: Primus.

MEIER, I. (2005). *Primärprozess, Emotionen und Beziehungsmuster in Tagträumen.* Berna: Lang.

MÜLLER, F.E. (2012). "Die 100-Millionen-Franken-Frage: Wie funktioniert die Wirtschaft?" *NZZ am Sonntag,* 22/07/2012, p. 31.

NUBER, U. (2012). "Trauer: Der Preis der Liebe". *Psychologie heute,* jun./2012, p. 23.

PANKSEPP, J. (1998). *Affective Neuroscience* – The Foundations of Human and Animal Emotions. Nova York/Oxford: Oxford University Press.

PASCAL, B. (1954, 1972). *Über die Religion und über einige andere Gegenstände* – Buchclub Ex Libris [Org. de E. Wasmuth] [Pensées, fragmento 131].

PIEPER, A. (2004). *Glückssache* – Die Kunst, gut zu leben. Munique: DTV.

PIEPER, J. (1948, 2007). *Musse und Kult.* Munique: Kösel.

RIEDEL, I. (2007). "Das Leben schmecken". In: RIEDEL & WIEDEMANN (orgs.). *Sinne, Sinnlichkeit, Sinn.* Düsseldorf: Patmos.

RIEDEL, I. & HENZLER, C. (2004). *Maltherapie* – Eine Einführung auf der Basis der Analytischen Psychologie von C.G. Jung. Stuttgart: Kreuz.

RILKE, R.M. (1903). *Briefe an einen jungen Dichter* – Brief an Franz Xaver Kappus, 23/04/1903 [Disponível em www. rilke.de/briefe/170203.htm].

ROSA, H. (2013). *Neue Verunsicherungen – alte Ängste?* [Palestra de 14/04/2013 nas Linauer Psychotherapiewochen].

_____ (2012). *Weltbeziehungen im Zeitalter der Beschleunigung* – Umrisse einer neuen Gesellschaftskritik. Frankfrut a. Main: STW.

_____ (2011). "Beschleunigung und Depression – Überlegungen zum Zeitverhältnis der Moderne". *Psyche* – Z Psychoanal, 65, 2011, p. 1.041-1.060.

_____ (2005). *Beschleunigung* – Die Veränderung der Zeitstrukturen in der Moderne. Frankfurt a. Main: STW.

ROTH, G. (2012). *Entscheidungsfindung.* Preleções de 15-20/04/2012. Müllheim: CD Auditorium Netzwerk, Preleção 5.

SCHNABEL, U. (2007). "Placebos – Die Medizin des Glaubens". *Zeit Online*, 52/2007, p. 43s.

SCHWARZENAU, P. (1984). *Das göttliche Kind.* Stuttgart: Kreuz.

A alma precisa de tempo

SENNETT, R. (2012). *Zusammenarbeit* – Was unsere Gesellschaft zusammenhält. Berlim: Hanser.

SIEGRIST, J. (2011). *Burnout und Arbeitswelt* [Palestra nas Lindauer Psychotherapiewochen – Disponível em www.Lptw. de/Archiv].

SOLMS, M. & TURNBULL, O. (2010). *Das Gehirn und die innere Welt*. Ostfildern: Patmos.

SOOLS, A. & MOOREN, J.H. (2013). "Futuring in Psychotherapie und psychologischer Beratung, Instrument zur Förderung von Resilienz". *Psychotherapie im Dialog (PiD)*, 1, 2013, p. 62-71.

SPINOZA, B. (1905, 1963). *Die Ethik nach geometrischer Methode dargestellt*. Hamburgo: Felix Meiner [Trad. de O. Baensch].

STERN, D.N. (1992). *Die Lebenserfahrung des Säuglings*. Stuttgart: Klett-Cotta.

STORR, A. (1974). *C.G. Jung*. Munique: DTV.

VON ENGELHARDT, D. (2001). "Begriff und Aspekte der Tiefenpsychologie in historischer Sicht". In: CIERPKA, M. & BUCHHEIM, P. (orgs.) (2001). *Psychodynamische Konzepte*. Berlim/Heidelberg: Springer, p. 5-11.

VON MATT, P. (1989). *Liebesverrat* – Die Treulosen in der Literatur. Munique/Viena: Hanser.

WELZER, H. (2013). *Selbst denken* – Eine Anleitung zum Widerstand. Frankfurt a. Main: Fischer.

WIDMER, T. (2013). "Digital – Mit Apps protokollieren immer mehr Leute besessen ihre Körperdaten: Der vermessene Mensch". *Tages-Anzeiger*, 02/05/2013, p. 9.

WIKIPEDIA. *Meerjungfrau* [Disponível em http://de.wikipedia.org/wiki/Meerjungfrau].

WOLF, C. (1987). *Die Dimensionen des Autors*. Munique: Luchterhand.

Wörterbuch der Mythologie [Biblioteca digital].

Coleção Reflexões Junguianas
Assessoria: Dr. Walter Boechat

- *Puer-senex – Dinâmicas relac*ionais
Dulcinéia da Mata Ribeiro
Monteiro (org.)
- *A mitopoese da psique – Mito e individuação*
Walter Boechat
- *Paranoia*
James Hillman
- *Suicídio e alma*
James Hillman
- *Corpo e individuação*
Elisabeth Zimmermann (org.)
- *O irmão: psicologia do arquétipo fraterno*
Gustavo Barcellos
- *Viver a vida não vivida*
Robert A. Johnson e Jerry M. Ruhl
- *O feminino nos contos de fadas*
Marie-Louise von Franz
- *Re-vendo a psicologia*
James Hillman
- *Sonhos – A linguagem enigmática do inconsciente*
Verena Kast
- *Introdução à Psicologia de C.G. Jung*
Wolfgang Roth
- *O encontro analítico*
Mario Jacoby
- *O amor nos contos de fadas*
Verena Kast
- *Psicologia alquímica*
James Hillman
- *A criança divina*
C.G. Jung e Karl Kerényi
- *Sonhos – Um estudo dos sonhos de Jung, Descartes, Sócrates e outras figuras históricas*
Marie-Louise von Franz
- O livro grego de Jó
Antonio Aranha

- *Ártemis e Hipólito*
Rafael López-Pedraza
- *Psique e imagem – Estudos de psicologia arquetípica*
Gustavo Barcellos
- *Sincronicidade*
Joseph Cambray
- *A psicologia de C.G. Jung*
Jolande Jacobi
- *O sonho e o mundo das trevas*
James Hillman
- *Quando a alma fala através do corpo*
Hans Morschitzky e Sigrid Sator
- *A dinâmica dos símbolos*
Verena Kast
- *O asno de ouro*
Marie-Louise von Franz
- *O corpo sutil de eco*
Patricia Berry
- *A alma brasileira*
Walter Boechat (org.)
- *A alma precisa de tempo*
Verena Kast
- *Complexo, arquétipo e símbolo*
Jolande Jacobi
- *O animal como símbolo nos sonhos, mitos e contos de fadas*
Helen I. Bachmann
- *Uma investigação sobre a imagem*
James Hillman
- *Desvelando a alma brasileira – Psicologia junguiana e raízes culturais*
Humbertho Oliveira (org.)
- *Jung e os desafios contemporâneos*
Joyce Werres

CULTURAL

Administração – Antropologia – Biografias
Comunicação – Dinâmicas e Jogos
Ecologia e Meio Ambiente – Educação e Pedagogia
Filosofia – História – Letras e Literatura
Obras de referência – Política – Psicologia
Saúde e Nutrição – Serviço Social e Trabalho
Sociologia

CATEQUÉTICO PASTORAL

Catequese – Pastoral
Ensino religioso

REVISTAS

Concilium – Estudos Bíblicos
Grande Sinal – REB

TEOLÓGICO ESPIRITUAL

Biografias – Devocionários – Espiritualidade e Mística
Espiritualidade Mariana – Franciscanismo
Autoconhecimento – Liturgia – Obras de referência
Sagrada Escritura e Livros Apócrifos – Teologia

VOZES NOBILIS

Uma linha editorial especial, com importantes autores, alto valor agregado e qualidade superior.

PRODUTOS SAZONAIS

Folhinha do Sagrado Coração de Jesus
Calendário de mesa do Sagrado Coração de Jesus
Agenda do Sagrado Coração de Jesus
Almanaque Santo Antônio – Agendinha
Diário Vozes – Meditações para o dia a dia
Encontro diário com Deus – Guia Litúrgico

VOZES DE BOLSO

Obras clássicas de Ciências Humanas em formato de bolso.

CADASTRE-SE
www.vozes.com.br

EDITORA VOZES LTDA.
Rua Frei Luís, 100 – Centro – Cep 25689-900 – Petrópolis, RJ
Tel.: (24) 2233-9000 – Fax: (24) 2231-4676 – E-mail: vendas@vozes.com.br

UNIDADES NO BRASIL: Belo Horizonte, MG – Brasília, DF – Campinas, SP – Cuiabá, MT
Curitiba, PR – Fortaleza, CE – Goiânia, GO – Juíz de Fora, MG
Manaus, AM – Petrópolis, RJ – Porto Alegre, RS – Recife, PE – Rio de Janeiro, RJ
Salvador, BA – São Paulo, SP